金牌面试官

把好人才第一关，精准选录靠谱人才

胡江伟◎著

SPM 南方出版传媒 广东人民出版社
·广州·

图书在版编目（CIP）数据

金牌面试官 / 胡江伟著. — 广州：广东人民出版社，2017.8（2022.4重印）
ISBN 978-7-218-11927-4

Ⅰ. ①金… Ⅱ. ①胡… Ⅲ. ①口试—考试方法 Ⅳ. ① G424.74

中国版本图书馆 CIP 数据核字（2017）第 170153 号

Jinpai　Mianshiguan

金牌面试官

胡江伟　著

版权所有　翻印必究

出　版　人：肖风华

责任编辑：马妮璐
责任技编：周　杰　易志华
装帧设计：刘红刚

出版发行　广东人民出版社
地　　　址：广州市大沙头四马路 10 号（邮政编码：510102）
电　　　话：（020）83798714（总编室）
传　　　真：（020）83780199
网　　　址：http://www.gdpph.com
印　　　刷：三河市中晟雅豪印务有限公司
开　　　本：787mm×1092mm　1/16
印　　　张：15.5　字　数：195 千
版　　　次：2017 年 8 月第 1 版　2022 年 4 月第 3 次印刷
定　　　价：38.00 元

如发现印装质量问题，影响阅读，请与出版社（020-83795749）联系调换。
售书热线：（020）83795240

序言 PREFACE

人才是事业兴旺发达的基础！自古以来，凡能识人用人者都能取得非凡的成就。刘邦在得天下后，说过一段很精辟的话："夫运筹帷幄之中，决胜千里之外，吾不如子房（张良字子房）；镇国家，抚百姓，给饷馈，不绝粮道，吾不如萧何；连百万之众，战必胜，攻必取，吾不如韩信。三者皆人杰，吾能用之，此吾所以取天下者也。"张良、萧何、韩信都是当时不世出的人才，而刘邦能识人用人，把他们放在不同的岗位，让他们充分发挥各自的才能。可以说，刘邦能最终创建大汉帝国，与他擅于识人用人是分不开的。

企业也是如此，任何一个企业从创建到发展，再到做大做强，都离不开人才。企业中人才的来源离不开面试官的招聘，对企业来说，精准地识人用人是最难的。因为每个人的性格不同、文化水平不同、价值观不同，同时，人又是在不断变化的，所以要想在短时间内看透一个人非常困难。然而，面试官担负着为企业注入新鲜血液、为企业招聘到优秀人才的重任，识人用人就应该是面试官的一项基本功。

但是，现在企业要想招聘到合适的优秀人才并非易事。究其原因，一是人才流动性加大；二是人才对工作选择的自由度增强。企业与人才之间是双向选择，只有双方都满意才能让人才进入企业。对于那些不可多得的人才，当他们对企业的选择还不确定的时候，如何说服他们加入企业，就要看面试官的能力了。

同时，由于现在市面上有很多应聘攻略之类的书籍，很多应聘者对这类"应聘秘籍"烂熟于心，对于面试官的一般选拔技巧早已心中有数；有的应聘者多次跳槽，有着丰富的面试经验。更有甚者，一些应聘者不够诚信，在自己的简历、工作经历中造假。对面试官来说，这些都增加了辨识人才的难度。面试官在面试过程中被一些应聘者蒙骗，录用了不合适的人，对企业、对自己都是一种损失。

面试官要想找到真正合适的人才，就要在面试技巧方面比应聘者技高一筹，不能让应聘者牵着鼻子走，或者让应聘者猜出面试官喜好而投其所好，使面试官做出错误的判断。我做面试官多年，深知面试官工作的不易。面试官的工作不但关系到企业的前途，而且关系到应聘者的前途。所以，高效、准确的面试应该是面试官永远追求的目标。

面试是一项艺术性和实践性都很强的技巧性工作。要想成为一名优秀的面试官，需要经过长时间的学习和经验积累。笔者将多年的学习总结和实践摸索汇编到本书中，希望对广大面试官有所启迪和帮助。本书分为四部分十二个章节，主要介绍了面试官在招聘前如何做好准备、在面试过程如何考察应聘者、人才录用之后该做哪些工作以及面试官如何提高自己面试的能力素质，简要介绍了世界500强企业是如何做招聘的，可以作为面试官学习、参考的材料。

在本书中，笔者先从面试官招聘的准备写起。作为一个面试官，事先制订好招聘计划才能做到有备无患。面试是一个系统性的工作，各个环节相互配合才能使整个招聘工作高效、精准。在招聘准备工作中，面试官首先要知道所招聘职位的性质，这样才能知道这个职位对员工的能力要求，在面试时才能做到有的放矢。面试官还要事先预想到在招聘中可能遇到的问题，并提前做好准备，避免遇到问题时手忙脚乱，影响了正常的招聘工作。

有的企业之所以会出现用工荒，就是因为对招聘没有计划，急需员工时就临时招聘。面试官由于没有准备，又要完成招聘工作，往往会降低标准进行招聘。这就可能会导致录用的人员不合适，也会造成企业员工流失率过大。作为面试官，不仅要有招聘计划，而且要知道从哪里招聘人才、招聘什么样的人才、需要什么样的渠道。这些都是在短时间内高效完成招聘任务的有力保障。

当面试官在招聘渠道上发布招聘信息之后，可能会收到大量的简历。面对大量简历，面试官要能从中发现要找的人才，并且还要能辨别简历中信息的真假。因此，快速、准确地筛选简历是面试官的一项重要能力，也是面试官开展面试的前提。

在筛选简历过程中，遇到合适的求职者，就要及时通知其前来面试。面试是选拔人才的重要环节，也是决定是否录用应聘者的关键一环。一个人在与陌生人初次见面交谈的时候一般都比较谨慎，都是尽量展现自己的优点，而隐藏自己的缺点或不足。应聘者同样如此。这就需要面试官有较高的能力和素质。在面试中，面试官不仅要检验应聘者简历信息的真伪，而且要通过与应聘者面对面的交流，了解应聘者的外在个性、知识水平及能力，同时也要观察应聘者表现出的言谈举止的各种细节，从更深层次做出对应聘者真实情况的判断，进而判断出应聘者适不适合该职位的任职要求。

当决定录用应聘者后，就要及时给应聘者发出录用通知。应聘者入职后，在试用期内要做好引导管理，让他们尽快融入企业的工作环境，降低新员工在试用期内的流失率。

还有一点面试官也要特别注意，就是招聘中可能遇到的法律问题。很多面试官由于对应聘者调查不严格，录用之后发现问题，最后甚至与其对簿公堂，给企业带来麻烦和损失。所以，面试官在决定录用之前，要做好应聘者的背景调查，确保招聘到的员工无任何问题。

  本书是我多年来招聘经验的总结，虽然不是什么灵丹妙药，但是对于练就面试官的"火眼金睛"还是有一定帮助的。在笔者的写作过程中一直坚持实用原则，本书不仅对面试官有参考价值，而且对求职者了解面试官的工作、心态也有一定的启迪作用，对找到自己满意的工作也是有帮助的。

目录 CONTENTS

序言 / 001

Part 1 有备无患——做好面试前准备

第1章 做好招聘准备 / 3
第一节 重新认识招聘 / 4
第二节 制订招聘计划的三大原则 / 7
第三节 职位分析是面试官的基本功 / 10
第四节 职位分析的核心内容 / 13
第五节 搞定职位分析的三大方法 / 17
第六节 影响招聘的七个因素 / 21
第七节 面试官要面对的七大招聘问题 / 25

第2章 人才在哪里? / 29
第一节 80后、90后喜欢什么样的招聘信息? / 30
第二节 招聘文案怎么写才吸引人? / 32
第三节 招聘信息发布渠道 / 36
附录:天成招聘机制 / 40
第四节 如何在网上发布招聘信息? / 41
第五节 与猎头合作 / 43

第3章 简历!简历! / 47
第一节 如何增加简历投递量? / 48
第二节 如何高效筛选简历? / 51
第三节 辨别简历信息真假 / 54
第四节 从简历中发现人才 / 57

目录 CONTENTS

Part 2 正式面试——确定你想要的人

第 4 章 面试流程与技巧 / 63
第一节 如何拨打邀约面试电话？ / 64
第二节 面试如何组织才有效？ / 67
第三节 面试"面"什么？ / 71
第四节 面试的方法 / 76
附录：某公司招聘流程 / 80
附录：智翔公司招聘面试性格测试评分表 / 82
第五节 面试官招聘注意事项 / 88
第六节 面试官电话面试技巧 / 92

第 5 章 面试官要善于提问 / 95
第一节 面试官提问技巧 / 96
第二节 巧妙把招聘要求包含在提问中 / 100
第三节 把考察内容隐藏在提问中 / 103
第四节 面试官怎么谈薪资 / 106

第 6 章 做现场的控制者 / 111
第一节 营造面试氛围 / 112
第二节 面试现场控制 / 115
第三节 面试官面试时的心态控制 / 118
第四节 控制提问气氛 / 122
第五节 提问与回答的博弈 / 125

第 7 章 面试是一场心理博弈 / 129
第一节 面试官要懂心理学 / 130

第二节　面试官的九大心理陷阱 / 133

第三节　面试官也要懂点读心术 / 136

第四节　与优秀人才的心理博弈 / 139

第五节　面试官的面试心理分析 / 141

第 8 章　把握应聘者心理 / 145

第一节　读懂应聘者的身体语言 / 146

第二节　面试官如何看透人心？ / 150

第三节　掌握应届毕业生心理 / 153

第四节　巧妙地向应聘成功者暗示 / 156

Part 3　面试结束——入职与试用

第 9 章　对人才信息的确认 / 161

第一节　精准筛选人才 / 162

第二节　人才背景调查 / 165

第三节　招聘效果的评估意义 / 169

第四节　招聘效果的评估诀窍 / 172

第 10 章　新员工录用 / 175

第一节　新员工入职 / 176

第二节　新员工培训 / 179

附录：天成教育集团新入职员工培训内容 / 183

第三节　新员工试用期管理 / 185

第四节　如何签订试用期劳动合同 / 188

目录 CONTENTS

Part 4 能力提升——面试官的自我修炼

第 11 章　如何做一个优秀的面试官 / 193

第一节　面试官的自我修养 / 194

第二节　建立完善的招聘体系 / 198

第三节　面试官招人技巧 / 202

第四节　关心应聘者的梦想 / 206

第五节　招聘中的法律风险及防范 / 210

第 12 章　世界500强企业的面试经典案例 / 217

第一节　世界500强企业的面试流程 / 218

第二节　世界500强企业的经典提问 / 222

第三节　世界500强企业的经典笔试 / 226

第四节　世界500强企业的选才规则 / 229

附　录 / 232

Part 1

有备无患——做好面试前准备

俗话说，"有备无患"，"凡事预则立，不预则废"。这都说明了做事情要事前有充分的准备，才不至于在执行过程中出现差错。作为面试官，在面试应聘者之前也要做好准备，才能提高面试的效率和效果，节约企业的招聘成本。一个金牌面试官，只有做到胸有成竹、不打无准备之仗，才能高效地为企业招聘到合适的优秀人才。

第1章
做好招聘准备

企业的发展离不开人才。随着企业的发展，所需要的人才和人才结构也在不断变化。同时，企业的人才处于流动之中，任何岗位的变动都需要有人顶上去。所以，企业要随时做好招聘的准备，避免人才流失后出现岗位空缺或者接替者不合适的情况发生，影响企业的发展。

第一节　重新认识招聘

任何一家企业对于招聘都不会陌生，因为企业的发展离不开人才，而人才的获得又离不开招聘。这句话再次出现，不是为了强调招聘有多重要，而是为了引发诸位面试官的思考：什么是招聘呢？就是为企业招揽人才这么简单吗？其实不然。所谓"招"就是邀约应聘人员；"聘"就是聘用、聘请。企业老板和面试官要想通过招聘为企业找到合适的优秀人才，必须对招聘有一个重新的认识。一般来说，招聘是由四个环节组成的：招募、筛选、聘用、评估。

1. 招募

"招募令"相信大家也不陌生，我们会经常看到有些企业发布这样的招聘信息。其实，"招募"就是招聘，只是招募是整个招聘环节中最开始的组成部分，就是发布招聘信息吸引求职者的注意，把求职的人才召集到一起。

招募是招聘的第一步，是整个招聘活动顺利进行的基础。但是，经过我们的仔细研究后发现，很多企业在最初的招募环节就做得不对。

在招募这个最初环节中，面试官要做的就是把企业内部的职位空缺、业务情况、行业发展和外部的人才市场情况紧密结合起来，制订出合理的招聘计划。在制订的招聘计划中要包括以下部分：具体岗位、招募情况、招募渠道、招聘环节设置（笔试、面试）、具体的预算、所需求人才的能力素质等。这些都需要面试官在招募环节中考虑进去，但仍然有很多面试官在招募环节考虑欠周到，准备不够充分。其结果是使整个招聘活动匆忙上马，最后招聘不到合适的人才。

2. 筛选

筛选就是对募集过来有求职意向的人才考核选拔，选出同企业理念、岗位需求、能力素质相符合的候选人。

筛选是整个招聘环节中的一个重要部分，这也是显示面试官能力水平的地方。面试官通过对候选人的考核，了解候选人的知识水平（普通知识、专业知识）、能力状况（一般能力、特殊能力）、个性特征（为人处世的风格、道德水准）、求职动机（做事情的意愿）、价值观（有关目标、信仰的观念）等。面试官要对这些能力素质进行综合考核，最后对候选人做出客观评价。

3. 聘用

筛选环节过后，面试官就会从众多候选人中选出比较满意的人才，到这时招聘就进入了聘用环节。在这个环节，企业就要对选中的候选人发出offer、薪酬标准和最终确定的岗位、确定入职日期、签订聘用合同、确定责任和劳动关系等等。

4. 评估

很多面试官可能会认为过了聘用环节，整个招聘的过程就告一段落了。其实并不是这样的，招聘还应该包括一个评估环节。对任何企业来说，新入职的员工都会与企业有一个磨合和确定期。

因为，面试官对新入职员工的能力素质的了解是通过招聘考核环节得到的，而考核结果并不一定全面、准确。新入职员工真实的能力水平，只有让其在企业里工作一段时间，才能够表现出来。而面试官对新入职员工真实情况的了解，也只有在新员工入职后，经过一段时间的考察评估才能得到。同时，评估也能确定新入职的员工是否同工作岗位、企业文化、管理理念相符合。

其实，评估阶段就是对新入职员工的考察，是在具体的工作中考察其综合素质。在评估阶段，企业也需要做好新入职员工离职和被辞退的准备，并且也要做好为空缺下来的岗位进行补充的准备。

在面试官的整个招聘过程中，招募、筛选、聘用、评估环节，都是招聘中不可或缺的组成部分。面试官只有对每个招聘环节都足够重视，并且有目的性和计划性，才能做好企业的人才招聘工作。

第二节 制订招聘计划的三大原则

人才是事业成功的基础，企业的发展也不例外。人才从哪里来呢？一般来说是招聘而来。而招聘工作的好坏，直接影响着企业的人才质量。企业要想高质量地完成招聘工作，找到合适的优秀人才，就要使招聘工作走在业务工作的前面。也就是说，要根据业务发展计划，提前认真制订企业的招聘计划。

然而，有些企业对业务发展计划比较重视，会花费大量的精力去制订计划，但是对人才招聘计划却不够重视，招聘部门往往是临时抱佛脚。其结果不是招不到人才，就是招到的人才不合适，反而影响到了业务的发展。企业的业务计划做得再完美也需要人才来实现，离开了人才一切都是空谈。而招聘是企业人才流入的窗口，招聘计划的好坏，直接影响到企业战略的成败。所以，作为金牌面试官，制订好面试前的招聘计划是非常必要的。优秀的招聘计划能帮助企业招到优秀的人才。

SAM公司是一家总部设在美国的大型跨国公司，其主要业务是从事工业机械制造，业务能力在全球同行业中排第一。

SAM公司准备在上海投资成立一个子公司，这个初创公司基本上是从零开始的。公司首先要做的就是招聘大量人才，包括各层管理人员、市场开拓人员、技术工程师、机械工人等。如何完成这一庞大的招聘任务呢？SAM公司的招聘人员肩负着重大的使命。

总部要求人力资源部门在一年内招聘到这些人才。面对这一巨大挑战，人力资源部的招聘人员首先制订了一个严密的招聘计划。有了计划就有了方向，有了头绪。接着，招聘人员就分工合作，严格按照计划紧锣密鼓地展开了工作。招聘人员根据各个岗位的要求，大范围地发布招聘信息，广泛吸引人员前来应聘。然后，面试人员通过科学的测试过程，严格把关，保证所招聘人员的质量。

最后，人力资源部顺利完成了这一招聘任务，保证了总部的人才配备要求，为赶超竞争对手争取了时间。

SAM公司上海子公司的顺利创建，离不开大量优秀人才的招聘到位。招聘工作的成功完成，除了依靠SAM公司人力资源部招聘人员的出色工作能力外，更重要的是这些负责招聘的人员在事前制订出了严密的招聘计划。有了招聘计划，就有了工作的头绪，就可以有条不紊地开展工作。

由上述案例可以看到企业制订招聘计划的重要性。那么，企业如何制订招聘计划呢？简单来说，计划就是对工作的展望。招聘计划一定要以公司的业务发展情况为依据，因为招聘计划是为企业的业务服务的。所以，招聘人员在制订招聘计划时，一定要了解业务的发展情况，了解每个岗位的价值，保证计划与业务发展一致，甚至超前于业务的发展。

一、了解企业当前所处的发展阶段

企业处在不同的发展阶段对人才也有不同的需求，这就决定了招聘计划的内容。例如，企业处于快速发展阶段，就需要大量从外部引进熟悉相关业务的人才，以便快速进入角色，开拓业务。对于发展成熟期的企业，就要内外兼顾，从外部招聘人才能给企业补充新鲜血液，从内部提拔人才则能鼓舞士气、强化团队。所以，制订招聘计划时，一定要了解企业在不同发展阶段的用工特点，然后根据实际情况来制订。

二、重视招聘成本与效益

招聘人员在制订招聘计划时要考虑到招聘成本。人力资源部门是企业的服务部门，不直接创造利润，一般来说经费相对较少。而招聘成本就会占去预算的一大部分。因此，招聘人员要通过职位数量、招聘渠道、招聘周期等一些数据，来判断招聘效益的好坏。所以，招聘人员在制订招聘计划时，要重视招聘的成本与效益。通过有效的招聘渠道，提高招聘效率、降低招聘成本，尽量花最少的钱、用最短的时间，招到最合适的人才。

三、关注公司的发展战略

市场是不断变化的。随着市场的变化，企业的战略也会不断做出调整。企业战略的调整必然会改变企业的业务模式，进而对企业的人才需求和人才结构带来影响。所以，招聘人员一定要关注企业的发展战略，提前制订好招聘计划，为企业的发展规划做好人才储备。

总之，招聘人员在制订招聘计划时，一定要结合企业的发展阶段，关注企业的发展战略，深入到企业的业务发展中，不断缩减招聘成本、提高招聘效益，用优秀的招聘计划作为招聘工作高效进行的开端。

第三节　职位分析是面试官的基本功

每个企业都设置了很多职位，并且企业越大、人员越多，设置的职位也越多。企业的每一个职位都不是随随便便设置的，而是根据企业业务的需求来安排的。职位不同，职责不同，需要的人才也不同。人与职位相结合，最好的结果就是把合适的人放在合适的职位上。正如美国人事心理学家韦恩·卡西欧所说："完善的秩序要求位置适合于人，人也适合于位置。"

企业人才的招聘都是通过企业的人力资源部门进行的，这就需要人力资源部门对企业所设置的职位有相当的了解。特别是作为一名高效的面试官，在招聘人才之前，就需要对所需人才的职位进行科学分析。职位分析是面试官的一项重要工作，也是招聘到优秀人才的第一步。如果对职位不了解，就无法准确把握职位对人才能力的要求，也就不能为企业招到合适的人才。

有一家大企业要招聘一名办公室主任。小刘曾做过这一工作，并且有三年的工作经验。小刘来到这家企业之后，很快就进入了角色，使办公室的工作井然有序。

一年后，小刘出色的工作能力得到了领导的肯定。这时正好人力资源部主管空缺，领导就让小刘去人力资源部任主管。这对小刘来说是一个很大的挑战，因为她之前从没有做过人力资源方面的工作。为此，小刘多次去找领导协商，希望继续做办公室方面的工作，但是领导没有采纳。

到人力资源部走马上任后，小刘在这个职位上感觉压力很大，虽然她努力适应新的工作任务和工作环境，但是工作并不出色，还经常出现差错。这严重打击小刘的工作积极性，由于对工作的不适应，半年后小刘便选择了离职。

每个职位都有其工作任务和特点，并且每个人都有自己所擅长的一方面。只有把合适的人放到合适的职位上，才能人尽其才。上述案例中的小刘，在办公室主任的职位上干得风生水起，但在人力资源部主管的职位上则显得捉襟见肘。这就说明小刘适合做办公室的工作，而不适合做人力资源的工作。

所以，作为面试官，首先要做的就是要做好职位分析，然后再根据职位的要求，招聘合适的人才。那么，什么是职位分析呢？职位分析就是一种确定完成各项工作所需技能、责任和知识的系统工作，是人力资源管理工作的基础。面试官只有认真做好职位分析，才能准确地把握要招聘什么样的人才。

职位分析是面试官的基础工作，它的作用和意义主要有以下六个方面：

1. 为招聘人才提供依据

职位分析对招聘人才的作用有三个方面：一是确定职位的任职条件，这是招聘人才的基础，只有符合任职条件的人才才能被聘用；二是人才录用后签订劳动合同的附件，就是员工入职后应该承担的责任以及承担责任到何种程度；三是作为新员工入职后的培训教材。

2. 对员工进行目标管理的依据

目标管理是现代企业管理制度的一项重要内容，给人才制定目标的依据就是岗位职责。经过职位分析，明确该职位的责任后，才能有效对员工进行目标管理。

3. 绩效考核的基本依据

职位分析不仅明确了岗位职责，而且确定了考核内容。员工在该岗位上是不是尽职尽责，是不是完成了工作任务，就有了考核标准。反之，如果没有对岗位职责的要求，也就不能制定员工考核的标准，不能实现对员工的考核。所以，职位分析后形成的岗位职责是绩效考核的一个基本依据。

4. 企业制定薪酬政策的依据

通过职位分析得出的职责是直接决定员工薪酬的依据。如果没有职位分析，就不会有岗位说明书、岗位职责、员工规格分析等资料，也不可能为员工制定合理的薪酬。所以，缺少了职位分析，也就缺少了制定企业薪酬政策的依据。

5. 员工教育与培训的依据

对新入职的员工进行教育培训是企业的一项重要工作，目的是让新员工满足岗位职务的要求，具备上岗任职的资格，提高员工胜任本职工作的能力。职位分析明确了岗位任职的要求，按照这个要求对员工进行教育培训，提升他们的自身素质，能使其更好地适应岗位的任职要求。

6. 为员工的晋升与辞退提供依据

人力资源的一项重要工作就是使员工的能力素质和工作积极性不断提高，从而为企业的发展做出更大的贡献。而工作积极性不高、不适应工作岗位的员工将会被辞退。员工的晋升与辞退离不开人事考核，人事考核的依据还是通过职位分析得出的岗位职责。

职位分析是人力资源部门的一项重要工作，是企业招聘人才、管理人才的基本依据。职位分析也会为面试官在选拔人才时提供真实、可靠的材料。所以，作为面试官只有认真做好职位分析，才能高效快速地选拔应聘人才。

第四节 职位分析的核心内容

职位分析的重要性不言而喻，其分析质量的高低，直接关系到企业的发展。职位分析的质量主要通过内容体现出来。内容是否全面、分析是否到位，都是职位分析质量的评判指标。

对面试官来说，要做好高质量的职位分析，首先要知道职位分析的内容。那么职位分析的核心内容有哪些呢？

1. 职位的基本信息

要知道职位的名称、所从属的部门，这是对一个职位最基本的了解。

2. 职位设置的目的

企业设置每一个职位都不是无缘无故的，总有其设置的理由。在职位分析时要弄清楚设立该职位的目的，有没有必要设置。经过职位分析，可能有的职位可以取消。

有一个美国炮兵军官到一个炮兵团参观演习。他发现某炮兵班11个人，把大炮安装好后，其中一个人站在旁边一动不动，其他人都有事可做，直到演习结束。

这个炮兵军官就很奇怪，指着站在那里的士兵，问参加演习的人："这个人没做任何动作，也没什么事情，他是干什么的？"所有人都愣了一下，说："培训教材里就是这样编队的，一个炮兵班11个人，其中一个人站在这个地方。我们也不知道为什么。"

为了弄清原委，这个军官回去后就去查阅资料。原来，早期的大炮都是用马拉的，在大炮发射的时候会产生很大的后坐力，使大炮的位置发生偏移。并且响声也会使马受惊跑掉，这就需要一个士兵在大炮前拉着马，防止马跑掉，同时把大炮拉回原位。然而，随着技术的进步，现在的大炮已经实现机械化运输，不再需要拉马的士兵，但是那个士兵仍然存在，还是站在那里。这个军官发现问题后，就裁减掉了这个"不拉马的士兵"，因此获得了美国国防部的嘉奖。

设立之初，每个职位都有其存在的意义。但是随着形势的发展，有的职位可能已经过时了。如果不经过职位分析，就可能发现不了这个问题，就像这个"不拉马的士兵"。

3. 岗位职责和内容

岗位职责和内容是职位分析的重点。每个职位都会承担一定的职责和任务。通过职位分析才能明确一个职位的责任是以及承担责任的程度。

4. 职位的组织结构

一个职位不是孤立存在的，它有上级、下级、平级，所以要弄清楚职位的上级是谁、下级是谁、同级又是谁。围绕这个职位建立一个组织结构图，最好把与其相关的职位都画出来。

5. 职位的责任与权力

每一个职位都有一定的责任与权力，职位不同拥有权力和责任是不同的。在做职位分析时，就要把这一点搞清楚。例如，财务权，就是审批资金的权力；权力不同，审批的额度和范围是不同的。计划权，就是制订计划的权限。决策权，就是该职位有没有独立做决策的权力。建议权，就是对企业的决策、发展提出意见的权力。管理权，就是管理别人的权力。自主权，就是工作是以自己为主，还是以别人为主。

一个职位在拥有权力的同时，还要承担一定的责任。例如，经济责任，是直接承担还是间接承担；还有就是由于工作失误给公司带来损失和影响的责任承担等。

6. 沟通交流

就是该职位无论是在企业内部还是企业外部，以什么样的方式进行沟通交流，要弄清楚是谈判沟通还是正常的信息交流。

7. 职位的任职要求

一般来说，每个职位都有一定的任职资格要求。职位不同任职资格要求也不同。任职资格要求大致包括以下几种：对任职者的学历和专业要求、工作经验要求、相关的专业知识要求、职位所需要的技能要求、对任职者的自身要求等。

8. 职位的工作环境

职位不同工作环境也不同，例如，工作环境是不是有毒、有害、有污染等。不同的职位工作条件也是不同的，例如，体力消耗、工作压力、耐力等。凡是对职位有影响的工作环境，都要弄清楚。

9. 职位需要的设备、工具

从事任何职位都需要一定的设备和工具，大到机器设备小到计算机，等等。

10. 职位的劳动强度

职位的劳动强度可以用工作时间来衡量，比如，从事该职位是固定工作时间还是弹性工作时间，是全职还是兼职，是否需要加班，等等。

11. 职位的工作特点

是独立性很强的工作还是遵从上级的指示，是创造性工作还是发挥个人的主观能动性，这些都是职位工作的特点。

12. 职位前景

该职位有没有晋升空间，晋升空间有多大，晋升需要多长时间，以及该职位能转换到哪个职位等，这些都是职位前景的内容。

职位分析越详细,对职位的掌握越准确,招聘时才能越有针对性。其实,职位分析要解决的是两个问题:一是这个职位是做什么的、怎么做、为什么要做等;二是这个职位适合什么样的人。这两个问题表明了两点:一是工作的责任大小、复杂程度、工作的自由度和权力大小;二是职位对任职者所具备的技能要求、任职资格、工作环境条件等。

第五节　搞定职位分析的三大方法

职位分析是人力资源部门的一项重要工作，它是通过一定的方法，对职位信息进行收集、整理、分析与综合，确定这些职位的职责以及这些职位任职人特征的工作。职位分析对公司的发展至关重要，它能使公司内部权责分明、工作积极、效率提高。然而，如果人力资源部在进行职位分析时使用的方法不正确，则会导致职位分析失败。

某房地产开发公司随着房地产市场的火爆飞速发展起来，公司规模不断扩大，员工数量大幅增加，部门也随之增多。但是，随着公司业务的不断扩张，组织与业务上的矛盾显现了出来。由于部门之间、职位之间的权责不清，推诿扯皮的现象不断发生，已经影响到企业的正常运行。

例如，有的部门不能按时完成任务，就抱怨事情多、人手少；有的部门又人浮于事，效率低下。在招聘员工方面，由于用人部门不能给出招聘标准，招来的员工大多不尽如人意。同时，在岗位分配上又有很多岗位不能做到人事匹配，员工的潜能发挥不出来，不仅影响了士气，而且影响工作效果。在员工晋升方面由于没有标准，私人感情成了决定因素，许多优秀的员工由于看不到前途，而另谋高就。在激励机制上也存在问题，没有科学的绩效考核和薪酬制度，造成了随意性很大，导致了员工的抱怨和不满。

为了解决这些问题，公司决定进行人力资源管理变革，首先从职位分析开始。由于没有科学的职位分析方法，虽然也采用了问卷调查、人员访谈等手段，但是都没有收到预期的效果。最后，在撰写职位说明书的时候，由于前期职位分析方法不到位，人力资源部门就通过各种途径收集其他公司的职位说明书，进行东拼西凑。

职位说明书下发公司以后，由于不实用，引起了其他部门的不满，甚至是强烈反对。最后，公司不得不让人力资源部门重新撰写。但是，最终的结果还是不能令人满意，最后人力资源部门对职位分析也丧失了信心，因此导致职位分析项目的失败。

做任何事情都讲求方法，方法得当可以取得事半功倍的效果，职位分析也是一样。职位分析的方法有多种，这些方法可以单独使用也可以结合使用，要根据具体情况而定。下面介绍一些较常用的职位分析方法，可供参考。

一、观察法

观察法一般适用于分析从事体力劳动或事务性工作的人，就是通过观察这些人的正常工作状态，来获得工作信息。通过对信息的比较、分析、汇总等，再对职位进行分析，并得出分析结果。

根据不同工作职位的工作周期和工作突发性不同，观察法可分为直接观察法、阶段观察法和工作表演法。

1. 直接观察法

直接观察法就是对在这个职位的工作人员的工作进行全程观察，适用于工作周期比较短的职位。例如，环卫工人，他的工作是以天为周期的，只要跟着环卫工人一天，就可以了解他的工作过程。

2. 阶段观察法

有的职位工作周期比较长，为了完整地观察到这个职位的整个流程，就要通过分阶段进行观察。

3. 工作表演法

工作表演法适合于职位工作周期长而又突发事件比较多的工作。例如，地铁安检人员，他们除了正常的工作程序之外，还要检查可疑物品等。让安检人员表演一下检查可疑物品的工作过程，职位分析人员即可对该项工作进行观察。

二、问卷法

问卷法是一种很常见的调查方法，很多调查都是通过问卷法进行的。问卷法成功的关键之一是要拟订一套完整、科学、合理的问卷，这关系到问卷调查的成败。这种方法适用于从事脑力、管理的职位或者是工作不确定因素很大的员工。

常使用的问卷调查法有：职位分析调查问卷PAQ、阀值特质分析方法TTA、职业分析问卷OAQ。

1. 职位分析调查问卷PAQ

这是美国普渡大学的研究员麦考米克等人研究出的一套数量化工作说明法，可用于分析许多不同类型的职位。职位分析调查问卷PAQ共有194个问题，分为六个部分：资料投入、用脑过程、工作产出、人际关系、工作范围以及其他工作特征。

2. 阀值特质分析方法TTA

这个方法是劳普兹（Lopez）等人在1981年设计的。其依据就是：具有某种人格特性的个体，如果其职位绩效优于不具有该种特质者，并且特质的差异能够通过标准化的心理测验反映出来，那么就可以确定该特质为完成这一工作所需的个体特质之一。

3. 职业分析问卷OAQ

这套问卷方法是美国控制数据经营咨询企业在1985年设计的，主要用于对职位进行定量的描述。职业分析问卷OAQ是包括了各种职业的任务、责任、知识技能、能力以及其他个性特点的多项选择问卷。

上述问卷法比较适用于大企业，而对中小企业来说很难利用。中小企业可以根据企业的实际情况，自己拟订调查问卷。

三、访谈法

访谈法就是通过与员工进行面对面的谈话来获取信息资料的方法。在访谈之前，职位分析人员应该明确访谈目的。访谈法要求职位分析人员有良好的语言表达能力和逻辑思维能力，能够很好地控制谈话局面，并且做好谈话记录。

四、其他方法

1. 参与法

这种方法就是职位分析人员参与到某一工作岗位中，其好处是能使职位分析人员亲身体验岗位特征，获取第一手真实、可靠的数据资料。然而，参与法也有一定的局限性，就是只能参与一些比较简单的工作岗位，不适合参与需要大量训练或有危险的工作岗位。它会受到职位分析人员自身的知识和技术的局限。

2. 工作日记法

让员工以写工作日记的方法来记录日常的工作活动，从而获取岗位工作信息。这种方法的前提是记录要真实、详细、准确，这样才能获得一些平常观察不到的工作细节。

3. 材料分析法

材料分析法适合于新创办的企业，职位分析人员可以利用已经拥有的大量职位分析资料进行职位的分析。

4. 专家讨论法

这种方法就是请一些与该职位领域相关的专家或者有丰富工作经验的员工进行讨论，适合于发展变化较快、职责职位还没有定型的企业。

职位分析的方法多种多样，企业可以根据实际情况选择使用。这些方法都是为了让职位分析人员能够快速准确地对职位进行分析，为企业的人才招聘、员工考核、教育培训等提供依据。

第六节　影响招聘的七个因素

招聘是任何企业都要面临的问题。一面是让求职大军苦不堪言的"就业难"，一面是让企业着急上火的"用工荒"，两个矛盾体说明企业招聘的现状并不乐观，招聘效果并不理想。这不仅导致企业资源和成本的浪费，更重要的是导致企业人才的短缺。究其原因，还是有一些因素影响了企业的招聘。那么，影响企业招聘的因素是什么呢？可以将其归纳为以下七个方面：

1. 招聘策略固化

很多企业都有固有的招聘渠道和招聘要求，并且这些方法一直在沿用。特别是对同一岗位的招聘，往往会认为传统的方法不会有问题，因为采用这种方法一直以来也没有出现问题。

但是，要知道事情都是在不断发展变化的。同一岗位的工作内容以及对员工的任职要求，也会随着社会经济的发展发生变化。例如，现在的应聘者对工作职位的要求就与以前的应聘群体不同。他们不再像以前一样，追求工作的稳定和保障，而是更重视未来的发展空间和工作时间。

所以，企业招聘策略要根据人才市场的变化和企业的用人需求适时做出相应的调整。

2. 过于重视工作经验

很多企业招聘员工时，都希望招聘到有工作经验的员工，以便这些员工入职后能很快进入角色。原因就是企业希望降低培训成本和时间成本，使员工上岗后就能尽快创造效益。这样的结果会使一些没有相关工作经验的优秀人才被淘汰。很多求职者表示，不给工作机会哪来的工作经验！

工作经验不应该作为企业招聘人才的唯一标准。丰富的工作经验可能会让员工缺乏危机意识，工作起来掉以轻心。相反，那些没有相关工作经验的员工反而会积极学习、勇于上进，工作踏实而谨慎，并且不被固有思维束缚，创新能力极强。

3. 外行面试内行

面试官并不是全才，也不是什么都懂。由于面试官不专业，在面试过程中与应聘者交流时会存在一定的障碍。所以，在招聘人才的时候需要面试官与用人部门相互配合，否则面试官决定录用的人可能不符合用人部门的要求，同时也会让真正适合企业的优秀人才流失掉。所以，面试官在招聘专业人才之前要与用人部门做好充分沟通，同时在招聘过程中让用人部门参与。

4. 面试官对求职者的评价不准确

在面试过程中，由于面试官与应聘者的直接接触时间有限，而面试官往往会从主观角度看待应聘者。这就造成了面试官对应聘者实际能力的误判，有时甚至会因为面试官的不专业，对应聘者做出并不客观的评价。

5. 不愿意谈薪酬

有的面试官与应聘者交谈的时候，不愿意和应聘者谈薪酬，甚至不愿意和一个"向钱看"的应聘者谈下去。其实，面试官要知道，谈钱不意味着人品低下。应聘者提到了钱，说明他对公司有浓厚的兴趣，希望在更多方面与公司达成一致。而且绝大多数人找工作的目的是为了生活，如果在你这儿工作连生活都无法维持，又怎么能招聘到并留住优秀的人才呢？

很多应聘者之所以向企业投递简历，一是觉得这个职位适合自己，二是满意企业开出的薪酬。因此，透明的薪酬也是成功招聘的一个重要因素。

6. 苛求学历和年龄

有些面试官很看重求职者的学历，学历不符合要求的求职者可能连面试的机会都没有。有句话说得好"学历不代表能力",过分注重学历是十分不理智的。另外,一些求职者可能只是看起来年龄偏小或偏大,也会因此遭到面试官的拒绝。这种做法也是不可取的。

7. 留不住员工

企业要招聘员工通常有两种情况:一是企业的发展需要招聘员工,二是员工有流失。对企业来说,都希望能留住优秀的老员工,这不但能降低招聘成本,而且不会因为员工的不断离职而影响正常工作。留住老员工不仅能增加团队的凝聚力,而且会使整个团队更有幸福感。

企业留不住员工要多思考内部的原因:是不是工作压力太大?是不是管理制度出了问题?是不是给的薪水不合理?但是,无论哪种原因造成了员工流失,企业都不得不再招聘。招聘工作做得好有利于保持企业竞争优势;如果企业的招聘做得不好,对企业的发展会带来不利的影响。那么,如何做好企业的招聘呢?以下四点可做参考。

第一,调整和转变招聘观念

企业要建立长效的招聘机制,不能在职位出现空缺的时候才临时招聘,这样会影响企业的正常经营活动。为了补充员工流失后出现的空缺,企业还要积极进行人才储备,保证企业能稳定发展。同时,人力资源部门要根据企业的用人需求,及时关注人才市场的变化。

第二,制定合理的薪酬结构

薪酬是吸引人才的一个重要因素。合理的薪酬结构能提升岗位的吸引力,激发员工工作的积极性。

第三,优化招聘流程

招聘流程合理与否直接关系到企业招聘的效率。高效利用招聘时间、精减招聘流程可以节约招聘成本,提高招聘效率,同时也能给应聘者留下高效精干的印象。

第四,要完善用人机制

完善用人机制,增强企业影响力和吸引力,不但能留住老员工,而且能吸引应聘者。完善用人机制要注意以下几点:一是薪酬待遇;二是晋升空间;三是教育培训等。

随着社会的变化、经济的发展以及求职者对职业需求的变化,企业也要根据自己的实际情况在招聘策略上与时俱进。

第七节　面试官要面对的七大招聘问题

企业的竞争就是人才的竞争，如何招聘到优秀的人才已经引起很多企业的重视。然而，对人才的招聘并不是简单的事情，很多企业在人才招聘过程中还存在种种问题。特别是中小企业，与事业单位、大企业相比，在人才招聘方面存在着较大劣势。那么，企业招聘究竟存在怎样的问题，又如何去解决这些问题，是企业及人力资源部门必须积极思考的问题。以下的分析，可以为中小企业在招聘和留人上提供一些参考。

1. 没人投简历

一些企业招聘信息发布出去以后，却没有人投递简历，这是为什么呢？原因有四个方面：一是求职者对所提供的岗位不感兴趣；二是招聘信息没有引起求职者注意；三是薪酬福利条件不够吸引人；四是不了解当前80后、90后求职者的特点。

80后、90后求职者对工作岗位的需求一是看薪酬待遇，二是看所提供的岗位是否和他们的兴趣相匹配，三是看在这个岗位上能否发挥他们的才能。针对这种情况，企业在招聘人才时要做好以下几点：

（1）明确招聘职位的具体职责。

（2）结合用人部门的需求，给所招聘的人才准确定位。

（3）招聘信息的撰写要吸引人。

2. 公司太远、太偏

有的企业由于地理位置太远、太偏，面临招不到人或留不住人的情况。

很多求职者都希望上班离家近，交通方便。这些对远在郊区的企业来说，硬件上不具备。那么，这些企业要想招聘到人才，就需要改善软件条件。以下几点可以作为参考：

（1）提高员工的薪酬福利待遇，保证对外具有竞争力。企业在制定薪酬时，只要比周边同类企业高一些，对求职者还是有吸引力的。

（2）做好企业形象塑造，同时为求职者提供职业发展平台。

（3）适当地降低任职要求，招聘没有经验的员工进行培训。

3. 招聘会效果不好

有的企业好不容易举办了一场招聘会，但是却达不到预期的效果。造成这种结果的原因可能有很多，然而对企业来说，要想成功地举办一场招聘会，以下几点建议可供参考：

（1）形象、举止

招聘不同的职位对招聘人员的形象、举止要求是不同的。例如，在劳动力市场招聘普工可以随便点，而要进行校园招聘或者参加其他办公类、技术类的招聘会，就要穿正装，给人一种正式的感觉。

（2）企业宣传

对企业的宣传可采用发传单、贴海报或者播放企业宣传片等方式，这是求职者接触企业的第一媒介，也是求职者对企业的第一印象。所以，海报、传单要用心设计，力求简洁大气，给人十足设计感。宣传片的播放不仅能增加现场气氛，而且会使企业显得高端、上档次。

（3）招聘人员安排

招聘人员要进行明确分工：有人负责去发传单，有人负责接待求职者。分工明确才能显得正规、有序。

（4）招聘人员要积极主动

在求职者不多而招聘单位比较多的情况下，招聘人员的积极主动就显得很重要了。

（5）要尽量满足求职者的需求

有的求职者由于个人情况的原因，可能会要求企业满足一些条件。在不违反原则的情况下，能满足还是要尽量满足求职者的需求。

4. 网络招聘效果不好

与传统招聘相比，网络招聘有很强的优势，但是随着用人部门的要求增多和求职者的需求变化，招聘效果有时候并不那么理想。那么，如何才能做好网络招聘呢？以下几点可供参考：

（1）企业的招聘信息要准确，并且要注明招聘时效、应聘要求、薪资待遇和面试流程。

（2）要留下企业的网址链接，以便让求职者了解企业的详细情况。

（3）安排有经验的招聘人员，按照用人需求筛选简历。

（4）要对简历信息进行鉴别，辨别出虚假信息。

（5）对于初选合格者要马上与求职者取得联系，通知面试。

5. 月月招，月月走人

有的企业陷入了这样的怪圈："招聘——流失——再招聘——再流失。"新员工的过高流失率，会严重影响企业的经营活动。员工流失的源头在人力资源部门，而人力资源部门要想改变招聘观念，留住合适员工，该怎样做呢？

（1）企业招聘员工不是以优秀为标准，而是以合适为标准。

（2）加强对新员工的培训，增进了解，稳定团队。

（3）为员工创造良好的工作氛围和环境，提高员工的满意度。

（4）为新员工做好职业规划，创造实现员工自身价值的条件。

6. 久招不到合适的人

有的企业在职位空缺之后，长时间招聘不到合适的人，这对企业的经营管理都会带来不利的影响。那么，企业如何才能招聘到合适的人呢？

（1）拓展招聘渠道，例如广告、网招、猎头等。

（2）对不同的职位使用不同的招聘内容，提高求职者的关注度。

（3）在招聘人才时，要考虑人才市场的供给情况，过高的要求是不可能招聘到合适的人的。

7. 应聘人员要求条件太高

有的应聘者会对企业提出过高的条件。招聘人员如果不满足应聘者的这些条件，会错失优秀人才，满足这些条件又有一定的难度。那么，面对这种情况，招聘人员应该怎么办呢？

（1）如果应聘者的能力、学历背景等，与目前企业其他人相比没有更多优势，则不予录用。

（2）目前企业内无人与这个职位相匹配，并且此职位的空缺会给企业带来很大损失，经过与领导协商后，是可以满足其条件的。

（3）在招聘人员拿不定主意时，第一时间向领导汇报，按领导的意见办理，不可擅自决定。

（4）变通处理，可以把过高薪资转化为绩效考核部分。

人才是企业最宝贵的财富，而人才的招聘也不是易事。面试官在人才的招聘上会遇到这样那样的问题。面对这些问题，面试官要找到解决的办法，转变招聘观念，努力为企业找到合适的人才。

第 2 章
人才在哪里？

面试官招聘的过程，就是为企业寻找人才的过程。在这个过程中，面试官承担着两项责任：一是为企业找到合适的人才；二是为人才找到合适的职位。那么，如何才能招聘到与职位相匹配的人才呢？人才又在哪里呢？要从发布招聘信息开始做起，这是面试官寻找人才的第一步，也是找到人才的敲门砖。

第一节　80后、90后喜欢什么样的招聘信息？

现在，职场上的中流砥柱大多是80后，找工作的大多是90后。可以说，80后、90后已成为人才市场上的主力军。针对80后、90后的个性特点，对工作职位的需求特征，面试官要想招聘到优秀人才，应该怎么做呢？

要吸引到80后、90后中的优秀人才，首先要了解他们的"口味"，知道他们喜欢什么样的招聘信息。只有这样才能引起他们的关注，他们才会投递简历，进而来面试。那么，80后、90后喜欢什么样的招聘信息呢？原来他们喜欢工作环境好、氛围好，有良好的企业文化、丰富的业余生活和良好的学习环境的招聘信息。

有一个面试官在一次面试中，遇到一个给他留下深刻印象的女生。这个女生是1993年出生的，在来这家公司前，已经有一家大公司向她发出了邀请。而这个女生最后却选择了他们这家不大的公司，并且待遇也没有大公司好。这个面试官很奇怪，当问起这个女生时，她才回答说这家公司的环境比那家大公司好很多。

面试官恍然大悟，想想他们公司的办公环境，还真是不错。办公室放了很多绿植，还有红酒柜，里面的进口红酒并不是摆设，是可以喝的。这名女生就是被这样的工作环境所吸引的。除了环境好以外，公司的薪酬待遇虽然比不了大公司，也还是不错的。

对80后、90后来说，他们对工作环境比较重视。好的工作环境，也是吸引他们的一个重要因素。有一个面试官分享了她的经历，她刚到公司的时候，老板要求她在两个月内要招到多少人。这个面试官环顾办公室之后，想出一个主意，她向老板申请了一笔经费，用来装饰办公室的环境。她在办公室里摆放了很多绿植，就是面试的会议室也让她布置得跟小院子一样。一些应聘者说，去他们公司面试就感觉是和朋友一起喝下午茶。这个信息传出去以后，很多人就开始冲着这家公司的办公环境来应聘了。

当公司的"硬件"不如大公司时，可以把"软环境"布置好一些，这也是吸引80后、90后应聘者的一个途径。他们重视"软环境"，喜欢有活力的工作环境，认为在这样的环境里工作才有激情。

80后、90后之所以会有这些特点，与家庭、社会相关。他们的个性特点是不喜欢被束缚，不善于被管理，缺乏责任心及抗压能力；他们崇尚自由、民主与创新，有极强的自尊心和自信心。他们是新生代的就业者，已经成为人才市场的主力。然而他们的就业观念与老一辈有很大程度的不同，他们看重的不仅是工资待遇，更为重视个人兴趣、工作环境、休假制度以及工作前景等等。他们喜欢的工作标准是"发展有前景，工作是自己所喜爱的，企业要正规，老板能给自己一定空闲时间"等。

所以，企业在招聘80后、90后人才时，要根据他们的个性特点和对工作职位的要求来撰写招聘信息。这样的信息才能引起他们的兴趣，才能吸引他们对企业的关注。当然，招聘信息一定要真实，与公司的真实环境相符合。虚假的招聘信息是不可能招聘到人才的，即使一时招聘到了也留不住。

第二节　招聘文案怎么写才吸引人？

企业对人才的渴求让他们在招聘人才上可谓"八仙过海，各显神通"。但企业令人眼花缭乱的招聘方式有时候就像在"对牛弹琴"，得不到人才的回应。面试官可能百思不得其解，其实原因很简单，得从招聘的源头——文案说起。

对面试官来说，招聘的第一步就是撰写招聘文案。文案也是求职者了解企业的第一渠道。优秀的招聘文案才能使本企业在众多企业中脱颖而出，吸引到求职者的目光。然而，一些企业的招聘信息不是太过啰嗦，就是太过简单。这给求职者造成了两个困扰，太过啰嗦的，需要求职者认真阅读后，才能知道企业要招聘什么人，这会让求职者觉得太麻烦；太过简单的，又会使求职者从中得不到自己想要的信息。在这种情况下，求职者自然就不会向企业投递简历了。

企业发布招聘信息的目的是为了吸引求职者，只有让求职者清晰地了解企业的需求，才能吸引他们主动投递简历。所以，招聘信息不仅要向求职者介绍企业的相关信息，还要告诉求职者企业能给他们提供什么样的福利待遇，如工作环境、晋升空间等等。因此，撰写专业而精简、给人以良好印象的招聘信息，是招聘人才的关键一步。

下面是一则销售总监的招聘信息：

诚聘销售总监

公司名称：上海×××有限公司

职位名称：销售总监

工作地点：上海

招聘人数：1人

岗位职责：

1. 依据公司经营目标，制定部门销售目标，及部门年度经营预算。完成公司制定的销售目标，并维护和提高公司市场竞争力；

2. 制订切实可行的销售策略和计划，并定期审核调整，确保销售目标的完成；

3. 负责拓展、管理销售渠道，协调维护客户关系，建立稳固、均衡的销售网络体系与客户关系；

4. 组织与管理销售团队，完成销售目标。

职位要求：

1. 有8年以上化妆品销售经验，5年以上团队管理经验；

2. 本科及以上学历，年龄35岁以上。

2. 熟悉互联网行业，有网络销售经验者优先；

3. 有团队建设经验，团队管理能力强，善于协调营销团队的工作；

4. 有敏锐的市场意识和应变能力，较强的领导能力和独立开拓市场的能力；

5. 具有强烈的进取心，精力充沛，身体健康，乐观豁达，富有开拓精神。

薪资待遇：年薪89万~100万元，另有年终奖。

联系方式：×××

公司网址：www.×××.cn

公司地址：××区××大厦××层

招聘广告是写给求职者看的，让求职者看得明白是最基本的要求。上面这个案例中，对公司名称、企业简介、岗位名称、招聘名额、职位描述、职位要求、联系方式等都进行了描述，而且文字简洁清晰，没有繁文缛节的内容。求职者可以一目了然地对自己是否符合条件进行对照，是否投递简历就会心中有数。

一份吸引人的招聘文案，要写出企业需要什么样的人才、对人才的能力素质要求以及招聘职位的工作内容和工作量。这样能让求职者清晰了解企业对人才的需求，也能让求职者根据企业的要求，对自己是否参与应聘做出判断。

那么，如何才能撰写出优秀的招聘文案呢？

1. 企业描述与简介

如果不是非常有名的大企业，最好对企业做简要的描述和简介。传达出企业的品牌和发展情况，让求职者对企业有个第一印象，同时这也是对求职者的尊重。通过企业简介，求职者会自行判断要不要去这家企业工作，对于没有企业简介的企业，求职者是不会感兴趣的。

2. 精准的岗位职责说明

精准的岗位职责说明十分重要。专业而吸引人的职位说明会对招聘起到事半功倍的效果。因为它直接告诉求职者需要做什么，使符合条件的求职者能更清晰地了解职位要求，不符合条件的求职者自然不再打扰。这不但方便了求职者自己做决策，而且能减少招聘成本，提高面试官的招聘效率。

3. 薪酬待遇的撰写

薪酬待遇是吸引人才的一个重要因素。企业能为员工提供什么样的薪酬、待遇水平如何，是求职者很关注的信息。如果招聘信息中没有这些信息，或者这些信息不够明确的话，求职者是不愿投递简历的。求职者都希望企业能给出一个明确的薪酬标准，所以企业在招聘信息里最好注明一个薪酬的大概范围。同时，假期、"五险一金"对求职者也是十分重要的，企业在招聘信息里也要加以说明。

4. 地址要写完整

在招聘信息中，企业地址的描述应包括企业地点和前往企业的交通指南，或者企业所在地的位置截图。完整的企业地址可以方便应聘者顺利找到企业参与面试。

5. 清晰的面试程序引导

在招聘信息中要有清晰明确的面试程序引导，这样方便对职位中意的求职者投递简历。而且清晰的面试流程，可以减少求职者的咨询时间，提高招聘效率。

6. 格式

在招聘信息中，重要的是职位说明。所以职位说明的撰写格式要条理清晰、容易阅读，在关键的地方可以使用精准的目录、加粗的文字等，来引起求职者的注意。

招聘文案的好坏，直接影响企业的招聘效果。一份优秀的招聘文案，要在追求专业性描述的基础上，力求简洁、明确。这样不但提高了面试官的招聘效率，而且能为企业节约招聘成本。同时，也为求职者减少了做决策的时间。这样可以使企业在最短的时间内招聘到合适的人才，也方便求职者找到合适的工作职位。

第三节　招聘信息发布渠道

招聘信息发布的渠道选择很重要。选择合适的信息发布渠道，招聘信息才能及时地被更多的求职者看到。常用的招聘信息发布渠道有媒体广告、举办招聘会、校园招聘、内部招聘、互联网等。

不同的招聘渠道，有不同的招聘效果。例如，公司使用过以下招聘渠道：

方式一：招聘网站注册

由于不同的招聘网站所面对的求职者是不一样的，在招聘网站的选择上，根据我们天成的经验，招聘不同的人才，选择不同的招聘网站来发布招聘信息。例如：

基层——58同城、赶集网；

中层——智联、51job、中国人才热线；

高层——猎头网、猎聘网、领英。

方式二：聊天工具

现在的主流聊天工具是腾讯公司开发的微信和QQ。自微信出现以后，用微信的人多了起来；但是QQ并不是没有人用，只是分为了特定的人群。据腾讯公司统计，微信的用户60%以上是25岁以上的人群，而使用QQ的用户是大部分是26岁以下的人。所以，在招聘人才时，要根据职位年龄要求，选择不同的聊天工具的发布招聘信息。

微信：附近的人、摇一摇、朋友圈、个性签名、微信群。

QQ：加招聘QQ群、QQ空间、个性签名。

第 2 章 | 人才在哪里？

方式三：贴宣传单

方式四：招聘平台

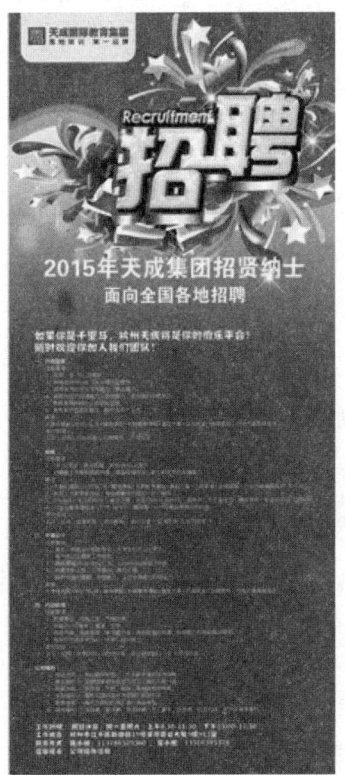

方式五：校园招聘会

这种方式适用于工贸一体或纯工厂的企业使用。

招聘信息的发布渠道有很多，每种渠道的作用和效果都不一样。根据我们多年的招聘经验，我们认为招聘效果最好的是招聘网站。现在，网络招聘已经成为寻找潜在求职者的时尚方式。作为一个有经验的面试官，可以利用网络找到许多有良好潜质的求职者。那么，网络招聘有哪些优势呢？

1. 覆盖面广

随着互联网的普及和迅猛发展，互联网的触角已经延伸到世界的各个角落，所以互联网的覆盖面是其他任何媒介都比不了的。与传统的招聘方式相比，网络招聘拥有无可比拟的优势，其招聘效果也是传统招聘方式无法相比的。

2. 方便、快捷、时效性强

网络招聘与传统招聘方式完全不同，它是通过网上登陆和查询完成信息交流的，并且不受时间、地域的限制。这是由互联网的特点决定的。它不强求招聘者和应聘者在时间和空间上绝对一致，方便了双方的选择；并且招聘方能迅速、快捷地传递或者更新信息，应聘者可以在网上随时关注、了解招聘信息，并及时、迅速完成互动。

3. 招聘成本低

网络招聘对用人单位和应聘者来说，都能节约成本，应聘者只需上传个人简历到网站上，不仅节约时间，而且节省了打印和复印成本。同时，也避免了求职者来回奔波之苦。对招聘方来说，网络招聘也是一种成本最低的招聘。

4. 针对性强

网络招聘的针对性强，招聘方可以根据用人单位对人才的需求条件，在网上发布招聘信息。应聘者可以根据自己的实际情况和能力特点进行选择，这对双方都是一种积极的互动行为，减少了招聘和应聘过程中的盲目。特别是现在的一些大型招聘网站，都提供了快捷、个性化的服务方式，例如条件搜索引擎等，进一步增加了网络招聘的针对性。

5. 具有初步筛选功能

现在的"网民"基本上都是一些年轻、学历高、对未来有向往的群体。能在网上参与招聘，就说明了应聘者具有一定的知识和技能。这也是初步了解应聘者基本素质的一种方式，这也是网上招聘初步筛选功能的体现。

现在的招聘越来越像销售，只有把企业的招聘信息通过恰当渠道发布出去，才能让求职者关注到，进而投递简历，参加面试。选择招聘信息的发布渠道非常重要，特别是网络招聘越来越受到用人单位和应聘者的青睐。网络招聘能面对更广大的求职群体，这就为用人单位招聘到潜在人才提供了基础，也为求职者找到满意的工作提供了便利。

附录：天成招聘机制

机制名称：	招聘激励机制	起草人	陈维斌
		时间	2014.4.18

内容：

  为了优化公司的人力资源配置，建立和完善员工招聘选拔体系，拟通过各种渠道广泛吸收高素质人员，满足公司发展需求。公司鼓励员工推荐优秀人才进入本公司工作。对推荐优秀人才的员工给予一定数额的奖励（300~500元）。对于被推荐的人才、经面试合格录用后，采用分两次奖励推荐资金的方式。第一次为面试合格录用后奖励50%；第二次为试用期结束后奖励剩余50%。

目前公司所需岗位还有：
1. 阿里巴巴国际站后台操作人员2（300元）
2. 速卖通业务员3（300~400元，半年以上经验400元）
3. 外贸业务跟单采购/业务助理5（300元）
4. 产品开发专员/采购跟单2（400元）
5. 采购经理1（500元）
6. 外贸会计1（400元）
7. 外贸业务员4（300~400元，一年以上经验400元）
8. 出纳兼行政人事专员1（300元）

注：后续根据公司岗位有新的调整可以进行更改。

机制适用人员		监督人	
机制试运行时间			
机制适用人签名		总经理签字	

第四节　如何在网上发布招聘信息？

在这个快节奏的时代，无论是用人单位还是求职者都不想错过最好的机会。企业想用最短的时间招聘到合适的优秀人才，求职者想快速找到自己满意、合适的工作，而招聘网站就给双方提供了一个互相了解的平台。那么，企业如何在网上发布招聘信息呢？

企业在网上发布招聘信息之前，要先根据自己对人才的需求选择一个网站进行注册。因为，不同的网站面对的求职者是不同的。我们天成的经验就是招聘普通员工就选择58同城、赶集网，招聘中层人员就选择智联招聘、51job和中国人才热线，招聘高端人才就选择猎头网。

选择好网站以后，就可以注册了。一般来说注册都是免费的。但是在网上发布信息分为三种方式：一是免费会员，二是收费会员，三是在企业自己网站。这三种方式有以下区别：

1. 免费会员

在招聘网站上，可以注册免费会员，并且发布招聘信息。但是免费会员一般都是有限制的，例如，只允许发布几个职位、限制求职人员看企业的联系方式等。并且求职者也很难搜索到企业发布的招聘信息，这对企业的招聘是非常不利的。

2. 收费会员

针对全国注册收费的网站有智联招聘、51job等。是否需要在这些网站缴费注册成收费会员，要看企业的长期招聘需要。如果想在这些网站上注册，可以在网站主页上直接联系其客服人员，客服人员会把收费标准、能发布的职位数、赠送的简历数以及怎么操作等详细告知。

3. 企业自己的网站

企业也可以在自己的网站上发布招聘信息。如果你的企业网站流量大，也同样会吸引很多求职者的关注。

以上讲的三种网络招聘信息发布方式各有利弊，但一般认为注册收费会员还是比较靠谱的。缴费之后就可以查询网站的人才库资料，企业要想招聘到优秀的合适的人才，需要了解求职者的真实资料，这是免费会员得不到的信息。而公开求职者信息的网站里的那些资料，可能大部分都是虚假信息。如果接触到的都是虚假信息，不仅影响招聘的效果，而且会造成招聘成本的浪费。

有的企业需求的人才不需要面对全国招聘，因此在本地的一些人才市场招聘网站上发布招聘信息效果也许会更好一些。如果需要面对全国招聘的话，建议还是到一些大一点的门户网站上去发布招聘信息。所以，发布招聘信息之前要找到合适的网站，这样才能取得事半功倍的效果。

在网站上注册之后就可以发布招聘信息了，不同网站可以上传不同的内容。例如，在58同城里，可以上传企业照片和企业视频。所以，像这样的网站就要选择将有吸引力的照片和视频放在企业简介里，以增加对求职者的吸引力。同时还要注意的是，发布的信息要合法，不要出现网络违禁词语，所发布的内容要尽量原创。

第五节　与猎头合作

虽然现在已进入信息化时代，招聘人才的渠道也发生了很大变化，但由于高端人才的稀缺，对这类人才的招聘仍然难度很大。我国的很多企业对高端人才极度渴求，所以导致了人才争夺战日益激烈。对面试官来说，要为企业招聘到合适的高端人才，除了通过常规的招聘方法外，与猎头合作也是很必要的。

"猎头"是英文Headhunting的中文翻译，指的是发现、追踪、评价、甄选以及提供高级人才的行为。而"猎头公司"就是专门提供此类服务的公司。与企业自行招聘人才相比，猎头招聘相对比较专业。虽然面试官在招聘的时候有计划，也有正确的方向，但是招聘高端人才不是一个急功近利的行为。有些面试官在短时期内没有找到合适的人才就容易放弃，甚至降低招聘人才的标准，这样就很难为企业招聘到真正需要的高端人才。

而猎头在寻找高端人才的时候，无论是最初的寻访工作，还是后面的沟通工作，以及在高端人才的背景调查方面，都有方法、有目标、有策略，并且积极主动。更难得的是，猎头不会轻言放弃。在面对优秀人才的时候，猎头会小心翼翼，他们一方面会确保人才的真正优秀，另一方面也要确保是客户真正需求的人才。为了招聘到优秀的人才，很多面试官采取了与猎头合作的方法。那么，猎头式招聘的优势在哪里呢？首先是快，猎头能以最快速度找到高端人才候选人。

2015年5月15日，有一家知名地产公司委托博思猎头招聘一名"集团投资管理部总经理"，要求是这位候选人必须是在国内同行业排名前20强的企业中任职或具有同等岗位的经理人。

在接受委托之后，博思猎头立即召开了项目启动会。由合伙人王先生负责组建了1+1+2小团队，即在团队中有1名项目经理+1名地产资源顾问+2名专注地产的助理。团队组建好的当天，团队成员就开始在公司的优质人才信息库中搜寻。

在晚上下班的时候，就已经筛选出了100多份简历。但事情进展不大，因为简历的总体质量不高，难以达到企业的要求。团队成员又经过几天的日夜奋战，终于在19日上午把目标锁定在一位履历、任职岗位非常符合客户企业需求的候选人刘先生身上。刘先生当时42岁，工作地点在深圳，籍贯是河南郑州，中央财经大学金融学博士，英国城市大学卡斯商学院MBA，在中央地产TOP10的两家地产公司做过投资管理部门的经理人。

在拿到候选人的联系方式之后，猎头顾问立即打电话联系到了候选人，并进行了初步的沟通。然而刘先生当时表现得很谨慎，但是也表示可以考虑该职位，这要看平台和薪水情况再决定。猎头顾问很快地从刘先生那里得到了一份较为详细的履历资料，连同初步的背景调查材料，经整理之后，以最快的速度发给了客户企业。客户企业看了候选人的资料，对候选人还是比较满意的。

随即在5月20日，客户企业的人力资源副总裁约候选人在香港见面，同时也是为了让候选人感受一下该企业在香港公司的情况。之后在猎头顾问的斡旋下，候选人又到集团总部与集团老总做了一次正式沟通，双方都很满意，候选人最终接受了年薪100万元的经理人职位。在这次猎头招聘当中，从客户企业委托到候选人被录用，仅用了不到半个月时间，真正体现了猎头招聘的快速度。

一般情况下，猎头公司在接受客户企业的委托后，会从上百份候选人简历中精心挑选候选人，最后会选中几个合适的候选人推荐给客户企业。如果在已有简历中，挑选不出合适的候选人，猎头公司会想方设法，以最快的速度寻找合适的候选人。招聘速度快，可以说是猎头工作的精髓，也是猎头式招聘的重要特点。

对企业来说，高端人才能给企业带来很大的价值。所以，从企业发展的方面说，高端人才的招聘是不能耽搁的。高端人才往往是稀缺资源，争夺十分激烈，因此要先下手为强。而猎头招聘不是采用漫天撒网式的招聘，而是有针对性地集中所有资源搜寻人才，所以能够第一时间发现人才，从而能够在短时间内招聘到高端人才。

随着优秀人才的流动日益加快和企业对人才需求的增长，导致了招聘人才的难度也随之增加。在这种情况下，催生了很多不规范、不专业的猎头招聘机构。所以，辨别猎头招聘机构是否靠谱十分必要。那么，与猎头公司合作需要注意哪些问题呢？

一、猎头公司的资金、规模

判断一家猎头公司是否靠谱，首先要看它的资金、规模，包括该公司的注册资金、股权结构及其变更信息、员工人数、销售额、利润等等。这些信息很容易在工商系统和企业公开的信息中查询到。但是，一般情况下销售额、利润等信息，企业是不公开的。

二、猎头公司的团队质量

一家猎头公司的好坏，与公司的团队有很大关系，如果团队成员的能力强、水平高，他们的业绩肯定差不了。团队成员能力的信息查询可以通过与这家猎头公司合作过的企业来验证。再者，口碑也是一个很重要的考察指标。除此之外，也可以通过网上公开显示的这家公司的成功案例，来了解其实力和团队成员的水平。

　　猎头公司的工作效率虽然很高，但对客户公司来说招聘成本也很高。与猎头公司合作招聘，只适合招聘企业中高层管理人员。

第 3 章
简历！简历！

简历是求职者给招聘单位发的一份简要介绍，就像是一张名片。简历也是面试官接触求职者的第一步。优秀的面试官能从简历中发现诸多的信息，例如发现简历信息的真假、求职者是不是人才等等。所以，面试官要重视简历的筛选，为下一步的面试做准备。这样不仅可以提高招聘的效率，而且能为企业节约招聘成本。

第一节　如何增加简历投递量？

在企业招聘中，名企占有很大优势，可以说收简历会收到手软，这不是一般企业能比的。而让一些面试官不服的是，一些和自己差不多的企业，甚至是同行企业都能收到不少简历，而自己的企业却是无人问津。这是让面试官最为尴尬和头疼的问题。

虽然说简历多并不代表合适的人才就多，但是简历多总是选择的余地大一些。而过少的简历就没什么挑选的余地，要想挑到合适的人才更是不容易。为什么会出现这种情况呢？如何才能增加简历的投递量呢？以下几种方式可以作为参考。

1. 关键词设置要精准

在互联网时代，网上求职已经非常普遍。求职者在招聘网站上搜索职位时，通常是输入职位名称、薪酬待遇、工作地点等关键词。那么搜索显示的结果是根据关键词的匹配度进行排名的，如果企业设置的关键词与求职者搜索的关键词匹配度高，那么企业招聘信息展现的位置就会越靠前，求职者点击查看的概率就大得多，投递简历的机会也越大。

同时，关键词的设置不仅要精准还要全面，因为设置越全面的关键词，被求职者搜索到的概率也就越高，企业展现在求职者面前的概率也就越大。那么究竟该如何设置关键词呢？

（1）从职位名称和职位描述中提取

求职者在招聘网站搜索工作的时候，一般来说就是搜索职位名称、工作内容或者工作的要求条件等。根据求职者的搜索习惯，从职位名称和职位描述中提出关键词是很重要的。例如，企业要招聘一名"销售总监"，工作内容是"负责某某化妆品的销售工作"，要求的条件是"有五年以上的化妆品销售经验或背景"。那么关键词就可以选择职位名称"销售总监"，同时，还可以从工作内容中提出"销售"，职位要求条件中提取"化妆品销售"等作为关键词。

（2）尽量使用大众化和通用的词语

求职者在搜索关键词的时候，一般都是搜索很常见的词语。而有些企业的职位和职位名称是特有的，在求职者的日常生活中，没有接触过，甚至都没有听说过。如果把这些词语作为关键词，那么被搜索到的概率会很小，甚至没有。所以，在设置关键词的时候，需要考虑求职者对这个职位关键词的熟知程度。熟知程度太低的话，就不会有搜索效果，在这种情况下，就要尽量换成大众化和通用的词语。

（3）选择同一职位的多种称呼

在日常生活中，人们对同一职位有多种称呼，名称虽然不同但实质是一样的。例如，我们熟悉的"销售"职位，有的称"业务员"，有的称"推销员"，有的称"营销人员"等。而求职者对这些职位的搜索，输入的名称也是不同的。所以，在设置职位关键词的时候，可以将同一职位的不同叫法都设置为关键词。

（4）关键词的设置要简洁精练

求职者在输入关键词的时候，不会输入太长的关键词，也就是输入几个字。所以，关键词的设置不宜过长，要设置得简洁精练，不适宜设置长尾词，这样可以增大被搜索到的概率。

2. 招聘信息的更新要及时

每天在招聘网站上发布的招聘信息千千万万，特别是在招聘旺季，更是如过江之鲫。这么多的招聘信息都在抢着往前面排，所以企业的招聘信息会很容易被刷下去。这就要求面试官要关注企业的招聘信息，经常刷新。这么做的好处是使招聘信息不至于沉底，还有就是一直保持更新的时间是最新的，这就给求职者传递了一个企业正在招聘的信息，从而增加求职者投递简历的机会。如果长时间没有更新，即使求职者搜索到了你的企业，也会认为现在已经不招人了。即使职位合适，求职者投递简历的机会也不大。

面试官在刷新招聘信息时要注意一点，就是刷新的时间。因为求职者投递简历一般都是在休息时间。例如，午休或者是晚上。在这两个时间段去刷新招聘信息，就增大了求职者看到信息并投递简历的概率。

3. 招聘信息要有吸引力

前面已经讲过了招聘信息的写法，这里再强调一下。招聘信息对企业招聘的影响很大，好的招聘信息是吸引求职者注意的关键，也是吸引求职者投递简历的关键。所以，面试官在招聘之前一定要写好招聘文案。

以上三种方法如果做得好，是可以增加投递量的。如果还是达不到自己的要求，也可以试试其他方法。例如，找招聘网站和你接洽的负责人，向他反映情况。如果情况属实，他会给你提供短期的免费广告。如果简历投递量还是达不到理想的效果，那么就要从企业内部找找原因了：是不是所招聘职位的要求条件太高，或者是薪酬待遇没有竞争力，等等。

在网络招聘时代，企业收到简历投递的多少，是有多方面的原因决定的。然而，根本的原因还是在企业内部。面试官要做好招聘信息的发布和刷新工作，增加求职者对企业的关注度和简历投递量，走好招聘的第一步。

第二节 如何高效筛选简历？

一般情况下，用人单位发布招聘信息之后，会收到大量的求职简历。对面试官来说，筛选简历是一项很重要的工作，是挑选人才进入下一轮面试的基础。面试官面对大量的求职简历，工作量会非常大，如果不掌握一些标准和技巧，就会影响工作效率和筛选简历的质量。那么，如何筛选简历呢？

通常来说，简历的内容主要有以下几个方面：应聘者的个人基本信息，例如姓名、性别、年龄、学历、毕业院校、所学专业、个人兴趣爱好等；受教育经历，例如求学经历、培训经历；个人特长，就是个人有哪些特别的技能；工作经历，就是自己曾经的工作经历，对应届毕业生来说，主要是曾做过的兼职或者社会实践活动等；自我评价，就是针对个人的特长、个性、兴趣爱好、职业规划、求职动机等方面的自我鉴定。面对这样的简历，如果面试官能掌握以下几个技巧，就能大大提高筛选简历的速度，提高招聘的效率。

方法一：根据职位任职要求筛选

这是一个硬性指标，因为不同的岗位有不同的任职要求。有的岗位对任职要求非常严格，而有的岗位对任职要求则没有那么严格。例如，对性别的要求、对学历和专业的要求、对工作经验的要求、对年龄的要求等等。如果招聘的工作岗位对任职要求很严格，那么面试官筛选简历时应该首先关注这些硬性指标，把不符合要求的简历就直接淘汰掉。

方法二：注意不明确的信息

求职者在撰写求职简历的时候，为了追求自身利益，通常都会将对自己有利的信息进行夸大,将对自己不利的信息刻意隐藏。在处理对自己不利的信息时,求职者会运用一些含糊的字眼来表述。例如,有的岗位要求求职者的英语水平要达到什么样的程度,而一些求职者在描述自己英语水平的时候,写道"具有较强的听说读写能力"。这就是比较含糊的描述,英语水平是分级的,求职者没有写出自己的英语水平等级。这时候面试官就要注意求职者真实的英语水平了。还有就是教育经历含糊不清,一般来说学历是非常硬性的指标,是什么就是什么。而有的求职者在写自己的学历的时候,会做一些处理,特别是一些自考生对自己的教育类型不做说明。如果用人单位对求职者的技能水平、学历等有严格的要求,那么对这些描述不明确的简历就可以淘汰掉。

方法三:注意简历中信息的逻辑性

面试官在筛选简历时,要关注简历描述中不符合逻辑的地方。例如,有的求职者在简历中描述自己的工作经历的时候,会列举自己在之前企业中的职位。如果他这次应聘职位比以前的职位还低,面试官就要怀疑了,因为这不符合常情。还有就是时间不连贯,例如有一个求职者在简历中有这样的信息"2000年9月—2004年7月,北京理工大学本科;2003年6月—2005年8月,深圳某某公司"。从这条信息上看,求职者学习和工作的地方是不同的,并且有一年不在学校,这是怎么回事?后来经查证,这名求职者取得的是函授学历。

方法四:关注职位"匹配性"

用人单位招聘职位的要求一定要与求职者的个人基本情况相匹配,包括个人能力、个性特点等。面试官在审查简历时要注意这些问题。求职者与招聘岗位的匹配有五个方面:一是专业匹配,二是工作经历匹配,三是工作地点匹配,四是薪酬相匹配,五是工作稳定性匹配。有的职位对求职者的专业技能有严格的要求,要求求职者所学专业要与应聘岗位的专业对口,或者在相同、相似的工作岗位上工作过,有一定工作经验等。工作经历匹配就是求职者曾经工作过的企业与应聘的企业具有相似的背景，行业一致等。工作地点匹配就是求职者希望在哪里工作，并且与所应聘的职位是否一致。薪酬匹配就是期望薪酬与该职位提供的薪酬是否一致。工作稳定性匹配就是求职者的就职稳定性与应聘岗位是否一致。如果求职者是一个频繁跳槽的人，而所应聘的工作岗位要求工作稳定，那么面试官对这样的求职者就要警惕了。

方法五：及时联系求职者

面试官审查简历的时候，可能会遇到这种情况，求职者各方面条件都不错，只是有个别地方与职位不相匹配。面试官很难下定决心，这时候和求职者电话联系，问清楚不相匹配的原因，也有助于筛选简历。还有就是对语言表达能力要求很高的岗位，其能力在简历中表现不出来。这时候面试官通过与求职者通电话，就能对求职者的语言表达能力有一定的了解，这对简历的筛选也有一定的帮助。

简历是面试官了解求职者的一个窗口，对简历的筛选是面试官做好招聘工作的第一步。当面试官面对大量简历的时候，为了提高招聘的效率和效果，并为企业招聘到合适的优秀人才，掌握简历筛选的技巧是十分必要的。面试官只有做好初步的简历筛选工作，才可能高效完成招聘工作。

第三节　辨别简历信息真假

求职简历是求职者进入企业的敲门砖，求职者都希望通过一份好简历，获得自己满意的工作。而简历也给了求职者较大的自由发挥空间，求职者可以在简历上充分展示自己的能力和成绩。但是，这种由求职者自己撰写、制作的"自我宣传"简历，可能含有虚假信息。

求职者为得到自己心仪的工作或薪酬，可能会在求职简历中添加一些虚假信息来衬托自己。对面试官来说，辨别简历中的信息真假非常重要。在初步筛选简历时，筛掉这些含有虚假信息的简历，不仅能节约面试官的时间、提高招聘的效率，而且能为企业节约招聘成本。

我曾经在筛选简历时，遇到过这样的情况。有一份简历给我的总体印象不错，但是其中一条信息引起了我的注意。

这条信息是这样的"出生年月：1989年6月；学历：大专；教育经历：2002年进入某某学校；工作经历：2005年进入某某公司"。细看这份简历，有明显不合逻辑的地方，就是求职者上大专的时间。按其所写的出生年月推算，这名求职者13岁就进入大专院校学习。虽然有"神童"在很小的年龄就考入大学，但是这毕竟是极个别现象。按年龄推算，这个求职者16岁的时候就进入了一家公司上班。

按照我国现行的教育制度，13岁应该正在读初中。就算比较聪明，上学早一点，13岁也应该在上高中，不可能上大专。后来经过我们的查证，这份求职者的信息是虚假的。

如果面试官不能辨别出简历中的虚假信息，求职者又有丰富的面试经验的时候，很可能就会蒙混过关。这样的求职者入职之后，工作能力与简历上的描述并不符合，不能胜任职位的要求，企业势必会予以辞退。如果发生这样的情况，不但浪费了招聘成本，更严重的可能会给企业带来损失。曾经有一家企业招聘了一名年轻的"海归"，这名"海归"的简历写得很完美，名校毕业、有大企业实习经历。没想到入职之后，其能力平平，人际关系也搞得一团糟，手上的任务常常完不成，最后辞职了事。这就是简历中的虚假信息带来的后果，所以面试官要十分注重辨别简历中信息的真假。

简历中信息造假主要有以下几个方面：

1. 学历造假

有的求职者为了得到某个职位，在个人学历达不到要求的时候，就会在简历上写假学历，企图在用人单位要求提供学历证明之前蒙混过关。

2. 工作履历造假

有的求职者为了显示自己在一家公司工作比较长，就会刻意延长在这家公司工作的时间，甚至会把在其他公司的工作时间合并在一起。目的是为了避免频繁跳槽的嫌疑，或者是把一项不好的工作时间刻意抹掉。

3. "偷换"职位

有的求职者为了显示自己有能力，把自己工作过的职位进行拔高。例如，明明是人事主管，却写成是人力资源经理；明明是项目的参与者，却写成是项目负责人；等等。

4. 联合造假

有的求职者为了增加自己的工作经历，显示自己具有某一方面的能力，就会托人找关系，伪造出一份自己在某家公司中的工作经历。

做过面试官的都知道，求职简历中的造假行为很多。这就要求面试官要练出一双"火眼金睛"，在简历的初步筛选中就筛掉这些简历，免得给后面的工作带来麻烦。那么，面试官如何辨别简历信息的真假呢？以下三个方法可以作为参考：

1. 年龄与学历要相符合

按照我国现行的教育制度，年龄与学历大致是有一个标准的，当然有特殊情况，但这是个别现象。如果年龄与学历差距太大，那么就可能存在造假的嫌疑。

2. 简历不符合逻辑

简历中有相互矛盾的地方，比如以前工作职位是一个高职位，而现在却应聘的是一个低职位，这不符合常理。再比如有的求职者在简历中描述自己取得过什么样的成绩，但是仔细分析他的工作职位，根本不可能有取得这些成绩的条件和机会。

3. 简历中的水分太大

有的求职者为了得到某个职位或薪酬，就会在简历中放水。例如，有的求职者本来在一个普通岗位上，薪酬却填得很高。有的求职者在简历中把自己描述成一个无所不能、事事精通的人，这更会让人怀疑他的专业性以及真实的能力水平。

4. 简历中的用词模糊不清

有的求职者在描述自己的工作成绩时，用大而化之和模糊的词语，如很大的成绩、非常好等。看到这种情况，面试官就要当心了，可能求职者根本没有什么成绩。因为，在一般简历中，描述自己取得的成绩时都是用数字说话，不但清楚，也会更让人信服。

总之，求职者在简历中造假是一个很普遍的现象。求职者这么做的目的就是为了得到好的职位和薪水，而面试官的职责就是为企业招聘到合适的优秀人才。有的求职者在简历中把自己描述得天花乱坠，而在实际工作中却是名不副实。招聘到这样的求职者，浪费企业的招聘成本是小事，如果给企业造成损失那错误就大了。所以，面试官一定要学会辨别简历中的真假信息，在对简历的初步筛选中就把错误消灭掉。

第四节　从简历中发现人才

简历可谓面试官与求职者的第一次接触，也是与人才的第一次接触。筛选简历也是"伯乐识得千里马"的重要过程。人才的优秀之处就隐藏在简历中，但面试官想发现这些细节并却没那么容易。这需要面试官有一双慧眼，通过用心地分析简历，将人才的闪光点找出来。有的求职者的简历看似平淡无奇，但是用心分析之后，还是能发现一些蛛丝马迹的。

为了避免错失人才，面试官面对每一份简历的时候，都要认真看一看，如有感觉与众不同的地方，用心分析一下，就可能有惊喜的发现。下面是我的一个面试官朋友亲身经历的事。

我的朋友是做酒店管理的。一次，他们需要招聘一名酒店运营人员。招聘信息发布出去以后，他收到了不少简历。他在筛选简历的时候，发现一份简历有点奇怪，要说简历其实撰写得普普通通，放平时，他看一下就过去了。

可这次，他在阅读简历的时候，发现这位求职者应聘的岗位比较奇怪，他是应聘酒店运营经理职位的。要知道他们是一家五星级酒店，对职位要求很严格。而这位应聘者的简历是这样的：这个小伙子28岁，只有中专学历，也并非酒店管理专业。但他从事酒店行业已有十年；先后在三家大型酒店的客房、餐饮、温泉、会所等岗位工作过；经历过基层、中层、高层的锻炼，有一定的工作经验。同时，他还参加过很多大公司的培训。

看到这份简历，可能很多面试官会想，这位应聘者换过的岗位太多，可能每个岗位的业务都不精通；28岁就做到酒店的高层管理者，不太可能；学历太低，不符合要求；如果他的信息都是真的，本来干得好好的，为什么要离开原企业呢？

我朋友也是这么想的，但是还是有一点好奇心，就决定见见这个应聘者。于是他约见了这个小伙子，见面后经过交谈，我朋友大为惊讶。这个小伙子虽然只有28岁，对酒店的管理设想，发展前景、酒店与互联网的结合等等见解，出乎我朋友的意料。

经过这次见面和后面的观察了解，我朋友聘用了这个小伙子。而这个小伙子入职以后，也不负所望，解决了企业存在的很多问题。后来，我朋友说如果当初不是好奇约见这个小伙子，他们企业就失去了一个可以为企业创造价值的人才。

那么，怎样才能发现"千里马"呢？这就要看面试官这个"伯乐"的水平了。我朋友的这次招聘经历，给我们带来了一些启示。一些真正的人才，从他的应聘简历表面可能不能一下子被发现，这就需要面试官从细微之处去发现、去挖掘。俗话说"千里马常有，而伯乐不常有"，面试官作为"伯乐"，要时时留心，不放过任何发现人才的机会。

一份小小的简历，看似普普通通，但里面包含着很多求职者的信息。面试官要学会通过这些小的信息，给求职者画像，以此作为初步认识求职者的间接途径。一般可以通过以下几点对求职者进行初步分析：

1.如果求职者在几分钟之内连续投递两份以上相同简历，表示这个求职者太谨慎、不自信，若没有特别之处，可不作考虑。

2.如果求职者在最近一段时间内连续给企业投递相同的简历，表示这个求职者看重企业和职位，若各方面条件匹配，可考虑给予机会。

3.如果求职者将职位写错，这是一个不可原谅的小错误，表示求职者对职业没有规划，应付了事。

4.如果在简历中喜欢用表格，表示求职者做事有条理，有些职位很适合他们。

5.如果简历中有重点显示的部分，表示求职者是想将优秀的一面示人、将缺点隐藏。

6.如果求职者只提到自己取得多少成绩，而对团队只字未提，面试官就要注意这样的简历了。

7.如果在简历中不写具体的职位，表示求职者没有自信。

8.如果简历中不提待遇，表示求职者服从性好、不够自信。

9.如果简历中要求薪酬不能低于多少，表示求职者具有挑战精神、有自信。

10.如果简历内容逻辑性差，表示求职者对自己的职业规划不明确。

11.如果简历中的工作经历没有时间间隔，表示求职者跳槽频繁，工作稳定性差。

12.如果简历中还写有个人的基本情况，例如身高、血型、星座等，表示求职者主次不清，只能做一些较低层次的工作。

作为面试官要学会从简历中一些小细节，大致判断求职者是一个什么样的人。这对筛选简历，发现人才是大有好处的。面试官可能通过对简历的分析，判断应聘者的职业发展潜力，有的求职者工作职位是一直向上的，说明这位求职者的职业发展不错。有的求职者职位是一直向下的，那么对这样的求职者就要慎重考虑了。如果工作职位一直停滞不前，说明应聘者职业发展潜力一般。

还可以从简历撰写的工作内容上判断应聘者的思维和表达能力。有的求职者简历写得非常简单，对工作经历、工作内容只有一两句话，这表示应聘者总结能力、书面表达能力不足。有的求职者虽然写的内容很多，但是思路不明、条理不清，表明求职者的系统思维和条理性不足。同时，面试官还要注意求职者职业空白期时做了什么，在这段时间有的人进行自我调整，有的人进行"充电"学习等，面试官可以通过这些行为判断求职者对待工作和学习知识的态度。

　　无论对求职者来说，还是对面试官来说，简历都是非常重要的工具。面试官要认真对待每一份简历，用一双慧眼识得简历中的隐含信息，发现人才并为企业所用，才是面试招聘的真正意义。

Part 2

正式面试——确定你想要的人

面试官在筛选完简历之后，下一步就是约见求职者，进行面对面的接触。通过求职简历，面试官已经对求职者有了初步的了解，而面试就是进一步增强对求职者工作能力、个性特征的了解，并初步决定能否聘用。面试官与求职者在面谈时，是有很多技巧和方法的，运用这些技巧和方法可以从多角度、多侧面了解求职者的能力、知识水平、心理素质等等。

第 4 章
面试流程与技巧

面试是面试官挑选人才的关键一步,面试官要想发现真正的人才,就需要掌握一定的面试技巧与方法,并在众多的求职者当中,把企业真正需要的人才挑选出来。

第一节　如何拨打邀约面试电话？

现在大部分公司都是采用网络招聘的形式吸纳人才，而求职者也多是在网上看到用人单位发布的招聘信息后，在网上直接投递简历。求职者在投递简历的时候，不会只投一家公司，只要对招聘职位感兴趣他们都会投，甚至会一次投很多家公司，然后就是坐等招聘公司的面试电话。然而很多公司经常会拨打不少邀约面试的电话，但是去面试的人却不多。那么如何拨打邀约面试电话才有效果呢？下面先介绍一下我们天成公司的面试通知技巧。

在进行简历筛选之后，对于符合公司职位要求的求职者，我们会第一时间拨打邀约面试电话，第一次拨打电话我们是这样说的。

"××小姐/先生，您好！我是天成的××，我们通过58同城查阅了您的简历。在认真阅读及评估您的简历后，我们认为您符合本公司基本条件要求。为进一步增加双方间的了解，现通知您明天14：15过来面试，请准时参加，不接受迟到！"

拨打完面试通知电话后，并不是事情就结束了。紧接着要给求职者发送一条面试信息，内容是："××小姐/先生，您好！我是天成的××，我们很高兴通知您来参加面试。联系方式：18200720436。联系人：卓老师。面试地点：深圳市宝安区西乡客运站旁旭生大厦10楼1017-1018，公交站台：西乡客运站、金港华庭；地铁站台：西乡站B出口；面试时间：2015年2月26日14：15，请准时到达，我们不接受迟到。"这条信息包含这些内容，面试的联系方式、联系人、面试地点、时间，目的是让求职者做到心中有数，并且也使求职者感觉自己受到重视。

在第二天的时候，要再给答应参加面试的求职者拨打一个提醒电话，内容是："××小姐/先生，您好！我是昨天通知您过来面试的天成公司的××，现提醒您今天14：15的面试，请准时过来面试，不要迟到。"这个电话不仅是对求职者的提醒，也为确定求职者能不能按时来参与面试。

在面试开始之前，为了确保求职者能准时到达，要再给求职者拨打一个电话。内容是："××小姐/先生，您好！我是天成公司的××，您现在到哪里了？"这不仅能知道求职者在路上的具体位置，也是对求职者的关心。因为，有的求职者可能是新来到这个城市，对路线不熟悉，如果找不到路就提示他怎么走。

拨打面试电话是一项很重要的工作，话术的质量直接决定着求职者是否能来面试。拨打面试电话，也是面试官与求职者的一次未曾谋面的接触，可以拉近双方的距离。从某种程度上来说，求职者对面试官的认可是成功招聘的重要一步，打电话也是建立认可的一个方面。同时，一个面试官应该首先是一个营销者，要做的就是先把自己成功推销给求职者，因为这会对求职者造成积极的影响。

所以，面试官要想提高求职者的面试率，在拨打邀约面试电话时，就要注意以下几个方面。

1. 打电话前的准备工作

（1）再看一遍求职者的简历，掌握里面的一些关键信息。

（2）设计好邀约话术，最好准备几个版本来缓解气氛，引导求职者。

（3）做好被质疑和被拒绝的准备。

（4）拨打电话的时间。一般来说，收到简历后，第二天要及时通知求职者。打电话时，上午在10点至11点比较合适，下午在3点至5点比较合适。

2. 打电话时的注意事项

（1）先打招呼，询问对方现在打电话是否方便。

（2）做简单自我介绍和公司优势的描述。

（3）适当称赞求职者的学历和工作经历，增强求职者对公司的认同感。

（4）确定面试时间后，再重复一下时间，和求职者达成心理默契。

（5）在电话中称对方为"您"，表达对求职者的尊重。

3. 拨打完电话后的工作

此外，在拨打邀约电话的过程中，有的求职者可能会问一些问题。但是，无论求职者问什么样的问题，面试官都不要显露出不耐烦，要礼貌、灵活地做出回答；不要支支吾吾，显得不专业。面试官还要能控制自己的情绪，无论对方是拒绝还是接受，都不要使自己受到影响。因为，求职者虽然不能看到你，但是可以通过你的语气、声音感受到你的态度，从而为自己做出决策。

在打完电话后，要及时给求职者发一条短信或一个电子邮件。内容主要是告知求职者面试时间、地点、行车路线、公司名称、联系人。也可以把公司的大致情况、职位名称及相关内容告知求职者，并留下联系方式，以便求职者有不明白的地方可以及时联系。这样做的好处是，能让求职者感觉自己受到重视。

所以，面试官在拨打邀约面试电话的时候，一定要注意以上细节。因为，你的态度在很大程度上决定了求职者是否决定来参与面试。一些细节问题也体现出了面试官的专业水平和职业态度。现在的招聘越来越像营销，能让求职者感到沟通愉快，并且感觉有所收获，这就是一个面试官的自我营销过程。

第二节　面试如何组织才有效?

面试是企业招聘人才的关键，也是面试官决定是否录用应聘者的关键。面试组织的好坏直接关系到招聘效果的好坏。而有效招聘具有三方面的特征：一是避免面试官在招聘上的主观性，提高招聘的准确性；二是有助于新招聘的员工能胜任职位，快速进入角色；三是使招聘规范有序，节约招聘成本。

那么，面试如何组织才最有效果呢？根据我们公司多年来招聘的经验，笔者认为要注意以下五种方式：

1. 计划组织性面试

就是在面试之前先做好严密的计划，将所涉及的内容逐条列出，以便在面试过程中不脱离或不遗漏需要了解的信息。

2. 启发式面试

就是面试官引导求职者表现自己的一种方式，这种方式的优点是能使求职者在无意识条件下，展露自己的特点，让面试官能真实全面地对求职者进行了解。

3. 深入式面试

这种方式就是在面试官提问的时候，多问几个"为什么"。其好处是能针对某一个问题对求职者进行深入细致的考察，能对求职者有更深入的了解。

4. 分组面试

就是面试官组织求职者就某一个问题进行分组讨论。这种面试方式不仅能节约面试官的面试时间，而且能把求职者中比较优秀的人员选拔出来。

5. 综合面试

就是面试官和用人部门一起参与面试。这种面试方式的好处是用人部门能深入了解求职者的专业知识和岗位技能。但是，这种面试在求职者集中或者求职者人数较少时适用。

除了以上五种面试方式外，还有逆向式面试、结构化面试、非结构化面试等。虽然有多种面试方式，但是面试官要根据企业招聘的具体情况进行选择。无论选择哪种面试方式，在具体的面试过程中，都要做好以下六个方面的工作：

1. 面试目标要明确

常见的面试目标有三种，对求职者工作能力的考核、影响求职者的工作选择和对求职者工作选择进行帮助。面试官在对求职者面试前要有明确的目标，这能为面试官提供明确的面试方向。这就要求面试官需要事先制定出约见求职者的活动日程、确定具体的面试目标，这样才能使面试有条不紊地进行。

2. 对岗位的预期业绩明确

预期业绩是用人单位对求职者业绩水平的期望，这也是考核求职者能否胜任工作的关键。预期业绩包括以下三方面：

（1）确定业绩目标

业绩目标是预期业绩的一部分，必须是具体的、可量化的、可考核的。例如，销售岗位的目标应该是与客户完成销售的具体情况，只有目标可衡量，才能使面试官通过对求职者的面试来准确考核。

（2）确定工作难度

工作难度就是求职者实现业绩目标所要克服的困难，对工作难度的确定要区分不同业绩的员工。

（3）确定能力要求

对员工的能力要求就是完成工作所需要的能力素质，面试官在挑选优秀的员工时，要对能力要求具体描述。

3. 提出有效的面试问题

面试官是通过提问来了解求职者的相关信息的，而提问的内容决定了解求职者的程度。面试官提出的有效问题包括了两个方面的内容，一是对求职者过去工作经历的提问，能预测将来的行为；二是与工作内容相关的问题，能预测求职者的工作能力。面试官要提出有效的问题，要注意以下几个方面：

（1）要求求职者通过工作模拟或者业绩模拟来演示完成业绩的最好办法。如果求职者在工作模拟中表现良好，就说明求职者是胜任职位要求的。

（2）对求职者设置一个工作问题，让求职者根据以往的工作经历描述解决办法，看是否符合面试官的要求。这要求面试官针对工作的困难进行提问，看求职者解决困难问题的能力。这一条适用于有工作经验的求职者。

（3）对于没有此类工作经验的求职者，可以要求求职者用工作以外的经历来描述遇到困难时的解决办法，以此来考察求职者的工作能力。

（4）要求求职者对过去的工作业绩进行描述，这样既考察了求职者能否胜任此项工作，也考察了求职者相关的经历与此项工作的合拍性。

4. 面试问题要有明确的答案

有的面试官对提出的问题没有明确的答案，只是根据求职者的回答来决定是否聘用，这往往会导致招聘失败。只有提出的问题有明确的答案，才能使面试官有依据地做出正确选择。

5. 组织面试的方法要科学

面试官只有运用科学的方法来组织面试，才可能招聘到优秀的人才。那么，如何运用科学的方法组织面试呢？以下几个方面可作为参考：

（1）对面试官的工作进行规划

对面试官的工作进行规划，可以确保面试官能对所有的求职者运用相同的标准进行评估。不但可以提高面试的公平性，而且可以节约面试时间。

（2）将面试过程事先告知求职者

求职者知道面试过程后，就会做到心中有数，能更好地与面试官进行沟通。

（3）尽量了解求职者的完整信息

有的求职者在回答面试官的提问时，往往会概括、笼统地回答，缺乏具体内容。这时面试官要进一步追问，探查出完整的信息。了解求职者回答问题的完整性，不是为了得出正确的答案，而是为了了解求职者的行为结果。

（4）面试官要表现出专业形象

面试官在与求职者接触时，要通过着装、语言、行为等，给求职者留下专业的形象。

（5）营造良好的面试环境

良好的面试环境，能够保证双方轻松自如地沟通。环境的营造要注意以下几点：一是环境要安静，没有干扰，温度适宜；二是座位舒适，并且摆放的距离与角度要适当，有助于双方沟通；三是尽量使用圆桌，显示双方平等的地位。

（6）最好使用团队面试

团队面试不但能减少重复面试，而且能提高招聘人才的准确性。同时，也能表现出团队的合作精神。

6. 做出聘用决定时要运用行为决策

做出聘用决策是成功面试的关键环节，在这个环节运用行为决策有利于提高聘用的准确性。面试官在这一阶段的决策内容包括两个方面：一是运用翔实的信息记录做出聘用决定；二是关键岗位要对面试过程和聘用决定进行重新审校。

总之，面试官要想顺利进行面试，并成功招聘到企业需要的优秀人才，组织面试是很关键的一步。所以，面试官在进行面试之前，就要对面试活动做出详细的规划，并通过有效的组织，使面试取得最佳的效果。

第三节 面试"面"什么?

面试是决定求职者能否被聘用的关键一环,也是面试官选拔人才的关键环节,就像踢足球一样,是那临门一脚。面试到底"面"什么呢?一般来说,面试是对求职者能力素质的综合考查。就是面试官通过与求职者的交谈以及对求职者的观察,了解其过去的工作经验和能力,做出对其未来行为的预测。

然而,由于面试求职者的时间是有限的,面试官要想在短时间内甄选出适合招聘职位的人才,面试环节就极其重要。先看一个小故事。

小刘是一个工商管理专业的硕士,拥有学位证和英语四、六级证书。在学校时,她有社团工作经验,还有社会实践经验。

她应聘的部门是一家大型企业集团的人力资源部,应聘的职位是人力资源专员。经过简历筛选、职业倾向测试、无领导小组讨论后,小刘进入了一对一的面试环节。现在这个环节还有十名候选人。

这些候选人来自不同的学校、不同的专业,有的还是同学。在等待面试的过程中,认识的人窃窃私语,不认识的默默等待。在这一轮的面试过程中,有以下面试内容:第一项是做自我介绍;第二项是才艺表演;第三项是面试官提问。面试的顺序是由抽签决定的,小刘抽的是最后一号。

小刘准备的才艺表演是朗诵。在面试的准备环节,小刘觉得周围的环境不安静,就走到旁边的楼梯间练习朗诵。轮到小刘面试的时候,她基本上发挥还算正常，但是也算不上突出。这轮面试的结果，只剩下了两个候选人——小刘和一个学中文的男生。

在回答面试官提问的时候，别的候选人都在展现各种专业词汇，但是对专业的实施没有思路。而小刘和这个男生虽然不是人力资源专业的，但他们能从某个角度阐述了自己的思想，即便不够成熟，仍然获得了面试官的青睐。

最后，面试官从两人中选择了小刘。小刘能被录取有一个重要的原因，那就是在面试的时候，别的候选人在聊天或研究攻略，她却在楼梯间准备自己的面试。这一幕恰巧初被分管人力资源的副总看到了，觉得她很用心，便录用了小刘。

从小刘的面试经历看，面试官不仅重视求职者的能力素质，一些不起眼的细节也会对面试起到关键作用。对面试官来说，求职者一些细小的行为，表现出了求职者的某些素质。那么，面试官在面试的时候，具体要面试哪些内容呢？

1. 仪表

仪表就是一个人的穿着打扮，是一个人的体型、外貌、气色、衣着、举止、精神状态的综合反映。一般来说，仪表端庄、衣着整洁、举止文明的人，是做事有规律、注意自我约束、责任心强的人。同时，一个人的穿戴，也反映出了他的个人喜好、思想观念和消费理念。

如果应聘者不注重自己的仪表，举止随意，在面试时不顾及别人的感受，只顾表现自己，则不会给面试官留下好印象，面试结果就可想而知。

我曾经面试过一个"海归"，当他进来面试的时候，我们都认为是清洁工走错了房间。这个应聘者穿着连帽衫、牛仔裤、休闲鞋，他坐下之后，就大谈特谈他的海外经历，完全无视面试官的存在，只顾说自己的。并且，他的举止也很随意，跷着二郎腿，身子还不停晃动，整个面试过程，他就没有停过。他面试的结果，我不说大家也能猜到。所以，作为应聘者一定要注意自己的仪表。在应聘之前，要了解所应聘职位对求职者形象、谈吐的要求，尽量把自己调整到符合要求的形象，给面试官留下一个好的印象。

2. 专业知识

面试官对求职者的专业知识都是比较重视的。在面试时，面试官可以尽量问一些应聘者专业知识方面的问题。

3. 工作经验

求职者的工作经验在其简历中已有描述，面试的时候面试官还要做一些相关提问，以证实求职者的实际工作经验。

4. 语言表达能力

就是观察求职者能否将自己的思想、观点、意见等，用流畅的语言表达出来。语言表达能力考察的是求职者的语言组织能力和回答问题的逻辑性。

5. 综合分析能力

综合分析能力由分析理解能力和综合概括能力两部分组成。面试官对这个能力的考核，是看求职者在回答问题时，是否能抓住问题的本质，是否能说理透彻、分析全面、条理清晰。

6. 反应能力和应变能力

在面试的时候，面试官要看求职者能否准确理解自己所提的问题，并且回答问题是否迅速准确。同时，还要看求职者对突发问题的反应是否机敏、处理是否恰当。

7. 人际交往能力

面试官可以通过询问求职者参加过哪些集体活动、喜欢和什么样的人交往等，了解求职者的人际交往能力和与人相处的技巧。

8. 情绪控制能力

情绪控制是人的一项重要能力，能自我控制的人在工作中遇到压力或不公平的待遇时，能够克制、容忍、理智地对待，不会因为情绪失控而影响工作和人际关系。并且能自我控制的人，在工作中会有耐心和韧劲。

9. 工作态度

俗语说："干好干坏是能力问题，干不干是态度问题。"一个人在工作上，首先要做的就是态度要端正。面试官要了解求职者的工作态度。只有工作态度认真的求职者，入职之后才会对工作认真负责。

10. 进取心

进取心强烈的求职者在事业上会有奋斗目标，并且会积极努力。他们努力干好工作，但并不安于现状。而没有进取心的求职者，对工作不热心，安于现状，得过且过。

11. 求职动机

面试官要了解求职者为什么选择这个职位、在工作中有什么追求，并且当前的职位条件能否满足工作的要求和期望等。

12. 兴趣爱好

求职者是否喜欢体育运动、是否喜欢音乐、喜欢阅读什么类型的书籍等，对求职者兴趣爱好的了解，有利于录用之后的工作安排。

13. 薪酬待遇

了解求职者期望的薪酬待遇，对本单位提供的薪酬待遇是否满意。如何摸清求职者的对薪酬的期望呢？我就遇到过一个很会谈薪酬的高手。

在面试小刘的整个过程中，我发现他很懂得掌握面试的气氛和节奏。在面试中，他一直没有询问薪酬待遇。就在面试快结束的时候，他委婉地向我询问公司对员工发展的态度及福利待遇等。我回答他之后，就问他期望的薪酬。他微笑着回答："我的期望薪资是××××左右。我相信像公司这样注重员工发展的企业，一定会有一个比较公允合理的报酬体系，因此我相信公司肯定会给我比较合理的薪酬。"他的回答很高明，轻松地把"皮球"踢了回来。因为，他有了我给他提供的信息，提出的薪资范围虽然稍高，但是已经很接近我们的最高价位了。

以上这些内容是面试的常规内容。面试官在面试求职者的时候，除了运用常规的方法外，还可以运用察言观色、观察细节等方法，以获取更多的信息，并对应聘者有更加客观公正的评价。

第四节 面试的方法

面试是需要一定方法技巧的，如果选择的面试方法不正确，不仅不能为企业招聘到合适的人才，而且会浪费招聘成本。所以，面试官要对面试的方法认真选择，力求用最合适的方法，为企业招聘到最合适的人才。

然而，面试的方法有很多种，究竟选择哪一种面试方法合适呢？这要根据具体情况来确定，就是要根据求职者应聘职位的不同，来选择有效的面试方法。一般来说，常用的面试方法有面谈法、论文答辩法、情景模拟法、无领导小组讨论法、心理测量法等等。这些都是一些传统的面试方法，会被很多企业所采用。

而传统的面试方法，存在有一些误区。例如，面试官会把提问局限于特定的具体信息上，从而不能把注意力放在求职者的求职动机、个人能力、个性特征等重要的信息上面。还有的面试官往往会询问求职者的信念和价值观，这样就会使求职者对自己做过的事寻求合理化解释，而不是实际的行为描述。其实，求职者的实际行为才是最重要的。这些误区往往会造成面试官对求职者的能力的误判，影响招聘效果。下面介绍几种创新性的面试方法，希望对面试官们有所帮助。

1. 行为描述面试法

这种方法是面试官通过求职者对自己过去工作行为的描述，来预测求职者在企业未来的行为发展模式，从而判断求职者能否胜任此项职位。但是，说和做是两码事。对面试官来说，当求职者说自己"通常在做"的、"老在做"的、"能够做"的、"可能会做"的或者"应该做"的事情时,真实的经历才是最重要的,而不是对未来的承诺。

有一个求职者对我说:"我能做预算庞大的项目。"他这句话能说明什么呢?其实,什么也说明不了。是不是真正做过和能做是不同的,能做不一定做过,只有举出某个项目的例子,能详细说明他所做的具体工作,并说明项目的效果,才能证明你做过这件事。

那么,如何对求职者进行行为描述面试呢?行为描述面试法包括以下三个方面的内容:

(1)对求职者过去的工作行为事例进行判断

求职者对面试官描述的行为,并不一定都是真实的,可能有夸大的成分。所以,面试官要根据求职者的描述并收集一些求职者过去的行为事例,进行综合分析,做出正确的判断。

(2)针对求职者进行行为性问题提问

面试官想要了解求职者过去的行为,通常提问时用一定的语气。例如,想了解求职者解决问题的能力,可以这样问"你遇到……的情形时,是怎么处理的?请你谈一谈。"只有经过引导性的提问,才能得到想要的信息。

(3)制定评定标准

在求职者描述自己过去的工作行为时,面试官心里要有一把评定的标尺。可以采用打分制,也可以分为好、中、差三级评定。

2. 能力面试法

传统面试法中重视求职者过去取得的业绩,而能力面试法则有所不同,它更关注求职者如何去实现目标。在这种面试法中,面试官要找出求职者在以往取得业绩时表现出来的优点。能力面试法可以从以下三个方面进行:

（1）对能力进行全面分析

对于求职者的能力是否出色，只有经过全面的能力分析才能做出准确的判断。对求职者能力的全面分析，不仅是看求职者的简历怎么写、面试时怎么说，还要通过各种渠道来了解求职者以往的工作情况。

（2）对面试过程中考核的能力进行确定

在有限的面试时间内，不可能对求职者各项能力都进行考核，所以面试官要围绕所应聘职位的能力要求进行具体的考核。

（3）制定面试程序，对求职者的能力进行评估

面试程序对招聘影响很大。如果面试程序欠佳，会影响整个面试。为了提高面试的效果，提前制定面试程序十分重要。同时，也要对求职者的能力评估制定一个标准，综合各方面的信息，做出科学的评估。

3. 压力面试

压力面试适用于需要心理压力较高的职位，面试官在进行面试的时候，要有意制造紧张，以便了解求职者如何面对工作压力。这种面试方法，就是确定求职者面对压力时的心理承受能力、应变能力以及处理人际关系的能力。但是，这种面试方法过后，要向求职者做出解释，以免引起误会。

有一次一家大企业招聘员工，面试官把求职者分成四个人一组。在面试过程中，面试官对那些不满意的求职者，直接让他们走人，当场就被刷掉。

求职者A和其他三个男生分到了一个组，当他们来到面试官面前还没有坐下，面试官就冷冷地对A说："你可以走了，我觉得你不合适！"当时A很生气，觉得没面子，为什么只看一眼就让我走。但是，A忍着没有出声，也没有走。

而面试官也没有赶A走，但是也不理他，继续面试其他三个男生。当这几个男生回答不出面试官的问题时，A还帮助他们。即使这样这三个男生还是被淘汰了，当只剩下A的时候，面试官问A为什么还不走？A决定把自己的

不满说出来。他对面试官说，你为什么不了解我一下就让我走？我留下来就是要给你一个了解我的机会。

A把自己对这家企业的敬慕，与自己受到不公正待遇的心情，都对面试官说了。最后他说，因为企业对他不友善，就会影响到他周围的人对企业的观念，这样企业可能就会失去不少潜在的客户。

面试官听他说完笑了，他对A的表现很满意。面试官对A说，这是故意给他出的一道压力面试题，主要是考察他面对挫折时的表现，A这时才恍然大悟。

这就是所谓的压力面试，面试官就是通过给求职者设置压力，考察他们在面对挫折时，表现出来的能力。

做任何事情都要讲究方法，方法正确才能取得事半功倍的效果。对面试官来说也是同样的道理，选择正确的面试方法，才能使面试取得最佳效果。但是，面试的方法也不是一成不变的，只有创新合适的面试方法，才能真正把招聘工作做好，才能成为优秀的面试官。

附录：某公司招聘流程

一、发面试通知，约定具体面试时间。

二、在约定的面试当天，用A4纸打印以下内容，并放于电梯间：

热烈欢迎×××、×××、×××、×××、×××到我公司面试。

三、当有人过来面试，行政文员必须和对方热情握手表示欢迎，然后安排坐在前台沙发，并给他（她）倒杯水。然后由行政文员进入办公室告诉业务部所有人员，让大家知道有人过来面试。

四、然后面试官（两个面试官）准备好并进入小会议室等待，由行政文员引导面试者进入小会议室（面试者多的情况下，逐个面试）。

五、两个面试官分别与来者问好，并分别给予握手或拥抱，然后坐下。

六、要求提交相关证件，并且给出《面试问卷一》，要求在八分钟之内完成。

此项内容考察：心理素质、执行力、真诚度（说假话要更多时间思考的）。答题期间，两位面试官交换证件观看并记住其人名、老家地址（省、市、县）、英语级别、年龄和工龄。在后续的接触过程中，两位面试官都必须有意识地多多直呼其名，并且有意识地提到其家乡地址。

七、答题完毕，由一位面试官原地分析问卷，另一位面试官（此位面试官应该是比较会推销我司企业文化的人）带其参观我司办公室一、会议室、办公室二、生产车间和仓库。具体如下：

A.办公室一：参观场所、介绍现有业务员（介绍到各位业务员的时候，各业务员主动起身问好并且给予握手或者拥抱）；参观宣传栏照片并简单介绍照片的由来；参观样品间并大致说明这一类产品是干什么用的。

B.会议室：参观并说明会议室的用途（开会、集体娱乐、团队游戏、早会、业务经验PPT分享、队员生日会等等），有选择性地安排播放早会视频、生日会视频等公司宣传资料。

C.办公室二：大致说明样品柜用途、业务分组工作模式以及本办公室未来愿景。

D.生产车间：大致参观车间（就在车间中间走廊，不要具体下到流水线），说明自己公司生产部门拥有对业务工作和业务活动的巨大帮助（产品可以按客户要求定做、工程技术支持可以即时满足谈业务的需要、产品质量的保证对永久保留客户的重要性、工厂的生产成本优势和价格的弹性对谈业务至关重要等等）。

E.仓库：就在仓库门口看下就可以了，说明材料充足、实力雄厚、交货及时、这些对业务工作都至关重要。

八、回到小会议室给出《面试问卷二》，要求在10分钟内完成。

九、问卷做完后，一位面试官检查《面试问卷二》，另一位面试官则用英文与其做最基本的交流，考察其英语基本功；另外用中文了解其对外贸流程等相关内容的了解程度。

十、检查完《面试问卷二》，如果来我司意愿度低，则让其回去等通知；如果来我司工作意愿度高，则告诉其工作时间安排和待遇标准（5天半工作制，试用期具体底薪设定）。

十一、不管是否同意过来上班，都让其回去等电话通知，然后其中一位面试官将其送入电梯（经过前台，行政文员必须起身相送，给予暖心的话语和拥抱）。

附录：智翔公司招聘面试性格测试评分表

请于每一句旁，□标出自己的赞同程度。

选项中，A为非常赞同，B为赞同，C为不大赞同

A□　B□　C□　1.在做我自己的工作时，我做到接近"完美"，所以我也期望别人可以做到这个地步。

A□　B□　C□　2.我想我的伴侣或那些我认为重要的人，该不用我讲出口也知道我的需要。

A□　B□　C□　3.我是一个很有能力、有效率及有成就的人；至少我想别人这样看我。

A□　B□　C□　4.我会为一些不平凡的事物而兴奋，我对于平凡及普通的事物没有兴趣。

A□　B□　C□　5.我会抓紧时间收集各种信息数据。

A□　B□　C□　6.我很少做重大决定。

A□　B□　C□　7.大多数人太认真了，放轻松些就会开朗起来。

A□　B□　C□　8.我相信想要什么就该挺身争取。

A□　B□　C□　9.在别人眼中，我很轻松，可以用"随和"来形容。

A□　B□　C□　10.完美的事物出现小瑕疵，令我无法忍受。

A□　B□　C□　11.事情在我眼中非黑即白，没有灰色地带。

A□　B□　C□　12.那些我认为重要的人觉得我善解人意及讨人喜欢是十分重要的。

A☐　B☐　C☐　13.我懂得如何"推销自己"。

A☐　B☐　C☐　14.虽然过去的日子有点苦涩，但我依然爱缅怀过去。

A☐　B☐　C☐　15.对于要主动向人求助，我觉得很不自在。

A☐　B☐　C☐　16.我比其他人能更快觉察出潜在的风险和危机。

A☐　B☐　C☐　17.我希望其他人也和我一样，可以轻松一点，快乐一点。

A☐　B☐　C☐　18.伤害我的人不必对他客气，或许我还要教训他。

A☐　B☐　C☐　19.人生大部分的事，若你十年后再看此事，已经变得没什么值得难过。

A☐　B☐　C☐　20.对自己来讲，觉得自己在伴侣心中是十分重要的。

A☐　B☐　C☐　21.我十分重视"责任"，我比别人更加努力。

A☐　B☐　C☐　22.我是一个快乐及付出的人，但若有人触怒我，我也会大发雷霆。

A☐　B☐　C☐　23.我希望了解自己的定位，以及别人对我有什么要求。

A☐　B☐　C☐　24.当我不开心的时候，我喜欢独自一个人来处理这不开心的情绪。

A☐　B☐　C☐　25.对于那些无聊的谈话，我觉得十分沉闷，我情愿独处。

A☐　B☐　C☐　26.在行动之前，我希望列出所有可能遇到的麻烦状况。

A☐　B☐　C☐　27.当知道眼前工作的困难快要解决时，我便开始寻找新的意念去计划。

A☐　B☐　C☐　28.我不相信自己有温柔的一面，我谁也不怕，要挑战吗？没问题。

A☐　B☐　C☐　29.我不觉得自己有怎样的重要，我很普通。

A☐　B☐　C☐　30.我是成功的。

A☐　B☐　C☐　31.很少能有足够的时间，允许我完成所有我必须做的事。

A☐　B☐　C☐　32.别人觉得我是很和善及体谅别人的。

A☐　B☐　C☐　33.我对穿着还是很讲究的，搭配、色调、款式等我都很介意。我的形象很重要，我愿意别人视我为成功者。

A☐　B☐　C☐　34.我的个人风格对我来说十分重要。

A☐　B☐　C☐　35.我比较喜欢做旁观者，不太喜欢与人交往。

A☐　B☐　C☐　36.我害怕做出错误的决定。

A☐　B☐　C☐　37.若少许已经是好，那么多些便更好。

A☐　B☐　C☐　38.我觉得人是自制烦恼。

A☐　B☐　C☐　39.我不喜欢那些争先的人，我认为那是出风头，枪打出头鸟。

A☐　B☐　C☐　40.我时常渴望得到那些我不能得到的事物。

A☐　B☐　C☐　41.我是不错的评论家，因我总是看出什么事情不对及哪里出错。

A☐　B☐　C☐　42.我感情上是冲动的，情绪起伏变化极端。

A☐　B☐　C☐　43.有时我的成就把我这个人的其他方面完全遮掩。

A☐　B☐　C☐　44.我周围发生的事深深影响我的情绪及工作的兴趣。

A☐　B☐　C☐　45.我喜欢自己待在一个大大的书房里看书，收集各种各样的资料信息，为的是要弄明白。

A☐　B☐　C☐　46.有时最好面对危险的方法是强烈的反抗，但是我知道内心是有些恐惧的。

A☐　B☐　C☐　47.我对于别人、可能性、未来都很热心并十分积极。

A☐　B☐　C☐　48.当被人攻击时，我不惜任何方法和代价令对方退缩。

A☐　B☐　C☐　49.我通常走一条最少抗拒的路线。

A☐　B☐　C☐　50.我是旁观者的机会多，不是当事人。

A☐　B☐　C☐　51.通常我都会注意过程与细节，因为，只有每个人步骤做对了,结果才会正确。

A☐　B☐　C☐　52.我期望我的爱人能明白其实我很需要他的爱。

A☐　B☐　C☐　53.我做事讲求快捷稳妥,不喜欢拖拖拉拉。

A☐　B☐　C☐　54.有些人说我情绪化,其实没有人能真正明白我内心的真实感受。

A☐　B☐　C☐　55.我认为解决问题最好的方法就是静下心来,仔细思考。

A☐　B☐　C☐　56.在做出决定前,我会在未来潜在可能的危险方面做足工夫,但有时仍始终很难做出决定。

A☐　B☐　C☐　57.大部分时间我会避开那些严重的问题。

A☐　B☐　C☐　58.我不会容许自己觉得身处困境。

A☐　B☐　C☐　59.我较弱于聆听及专注。

A☐　B☐　C☐　60.我老是改变主意,犹豫不决经常影响我的成就。

A☐　B☐　C☐　61.当我找到别人的错误,他们会很不自在,但我的出发点是有建设性的。

A☐　B☐　C☐　62.我经常扮演付出同情、提出忠告和建议的角色。

A☐　B☐　C☐　63.有一帮"合适""有用"的朋友,对我的工作很重要。

A☐　B☐　C☐　64.我希望把事情做得漂亮,有格调,我讨厌没有品位的东西。

A☐　B☐　C☐　65.我需要许多时间独处,利用这些时间去想一些自己有兴趣的事物及方案。

A☐　B☐　C☐　66.我喜欢与我相似的人一起。

A☐　B☐　C☐　67.我偏好内容轻松愉快的话题,不爱讨论内容沉闷和严肃的事。

A☐　B☐　C☐　68.只要我不满意就会说出来,但不会记恨。

A□　B□　C□　69.我不喜欢争执及冲动，遇到争执我无法调节时，我会选择离开这种争执的场面。

A□　B□　C□　70.我认为未来有许多美好的事等着我们。

A□　B□　C□　71.我清晰地知道什么是应该做的，什么是不应该做的。

A□　B□　C□　72.别人遇到困难，自然而然我会伸出援手，但大部分时间，别人并不珍视我。

A□　B□　C□　73.别人或许会形容我是一个工作狂。

A□　B□　C□　74.我的感觉是最重要的，我经常会跟着自己的感觉走。

A□　B□　C□　75.若可以的话我会避免社交应酬。

A□　B□　C□　76.我很少做重大决定。

A□　B□　C□　77.通常一件事未完成，其他事情已充塞了我的时间。

A□　B□　C□　78.我是冲劲十足的人，"不怕阻力"是很好的形容。

A□　B□　C□　79.世上没有任何事急到不可推至明天。

A□　B□　C□　80.我说话直截了当，有时人们觉得我很"强硬"。

A□　B□　C□　81.共同的行为准则能避免人与人之间不必要的混乱，我们应不惜代价去坚持这个准则。

A□　B□　C□　82.我特别有兴趣照顾孩子及那些很有成就但又无暇照顾自己的人。

A□　B□　C□　83.我喜欢掌声、好的评价及他人的认同，我发现自己常忽略内心世界。

A□　B□　C□　84.我喜欢和我的伴侣保持一定的距离，因为双方关系越密切就越能发现对方的缺陷。

A□　B□　C□　85.我觉得很难表达内心的感受。

A□　B□　C□　86.我做事极端，不是一拖再拖，就是向前直冲。

A□　B□　C□　87.我讨厌无聊，喜欢尽可能忙碌，每天的活动都排得满满的。

A☐　B☐　C☐　88.规则由我定,若不跟从,您可以离开。

A☐　B☐　C☐　89.我不喜欢命令别人,但当别人命令我时,我很反感并变得倔强。

A☐　B☐　C☐　90.我很随和,特别容易与人相处。

A☐　B☐　C☐　91.我常评估及判断自己及别人的行为。

A☐　B☐　C☐　92.我会很自然地感受到别人的需要与感受。

A☐　B☐　C☐　93.当回顾过去时,我会重温过去的成就而不去追悔过去的错误。

A☐　B☐　C☐　94.不被他人理解对我来讲是一件特别痛苦的事。

A☐　B☐　C☐　95.我善于分析与思考,通常很多复杂的问题交织在一起,我能找出之间的逻辑关系。

A☐　B☐　C☐　96.我会常常提防别人陷害和利用,所以常和别人保持一定的安全距离。因此,别人也觉得我不容易亲近。

A☐　B☐　C☐　97.我不喜欢与贫穷、依赖和消极的人做朋友。

A☐　B☐　C☐　98.对于许多我很注重、想要依己意来行事的时刻,我很难服从别人的指挥。

A☐　B☐　C☐　99.为何在可以坐下时要起立?为何在可以躺下时要坐正?

第五节　面试官招聘注意事项

面试官要进行一次成功的面试是不容易的。有人说，企业人力资源管理中做得好的是招聘，出问题最多的也是招聘。有的求职者说，在面试中自己明明比另一个候选人表现好，结果却落选了。面试官也郁闷，自己千辛万苦，从一大堆求职者中选拔出来的人才，连试用期都没过就被淘汰了，这时候又会怀疑是不是在那些没有通过面试的求职者中有更合适的人才，而没有被自己挖掘出来。

特别是招聘的人才与职位不匹配，就可能给造成损失，甚至严重的会使企业失去发展机会，导致企业倒闭。所以，面试官在招聘人才的时候，一定要下功夫了解人才是不是符合岗位的要求，否则很容易让企业人财两空。

某公司缺一位技术总监，面试官招聘了一个曾在美国硅谷工作过的博士。这位博士上岗以后，就成了技术领域的负责人。公司对他也格外照顾，在薪资、福利方面也给予优待。

但是，这个博士上岗几个月后，并没有给公司带来实际的工作效果。公司老总认为他还不适应国内企业的情况，需要一个适应期。但是，半年过后，这个"海归"博士在工作上依然没有进展，并且出现了管理问题。这时公司的老总意识到他可能不适合这个岗位，但是又不想放弃这个人才，就把他调换了岗位。他虽说被调动，但是职位和待遇并没有降。但是，他认为自己已经不受老总重视，一气之下就辞了职，公司又不得不重新招聘人才。

为什么会这样呢？面试官也有为难的地方，在招聘中是不可能通过简历、笔试，就能对求职者做出准确判断的。而且，在面试过程中，面试官的主观印象也会影响对求职者完整和公平的评价。这都是面试官在招聘过程中存在的问题，会影响招聘的效果。那么，为保证企业招聘的效果，面试官要注意哪些事项呢？

1. 面试官提问注意事项

在面试过程中，面试官主要是通过提问来了解求职者的信息。提问是面试官的一项重要能力，善于提问的面试官能对求职者的能力水平有更深入的了解。然而，在招聘中面试官提问环节往往出现的问题又最多，这主要是由于面试官专业度不够造成的。为了把提问做好，面试官要避免出现以下几种情况。

（1）重复提问

出现这种问题的原因是初试的面试官与复试的面试官不是同一人，在求职者复试的时候，面试官就很容易提出与初试相同的问题。这是与复试的初衷相违背的，复试是为了对求职者做更进一步的了解。而重复的提问，不仅浪费双方的时间，更重要的是会使面试官考核求职者更重要情况的时间不足，而求职者由于时间的关系，也会对提的问题不能展开回答。

（2）重要信息遗漏

有的面试官对面试的题目没有做精心准备，在提问的时候随意性比较大。这就会造成一些重要信息的遗漏，并且面试官也会对一些不太重要的问题追着不放，反而会忽略更加重要的内容和信息，结果影响了对求职者更全面的了解。

（3）提出一些无关的问题

有的面试官在提问的时候，随意性比较大，可能会问一些与面试毫无关系的问题。这是由于面试官的专业素养、学历层次、综合素质不同造成的。

（4）问题的不确定性

在面试中也存在这样的情况，面试官提问随意，并且提出的问题是不确定的。在提问的时候，有的面试官是根据求职者的工作经历去提问题，然而不同的求职者有不同的工作经历。用不同的问题去提问，就会造成对求职者的评价标准不一样，也造成了对求职者的不公平。

2. 面试官个人素养

每个人都有弱点，这是人性使然，面试官也不例外。并且面试也没有统一的标准，这就使面试结果与面试官的个人素养有很大关系。

（1）面试官的个人喜好

在面试过程中，不可避免地会造成面试官凭自己的喜好来评价求职者。例如，高学历的面试官可能会喜欢高学历的求职者；做销售出身的面试官可能对能言善辩的求职者更有好感。

（2）先入为主

先入为主就是面试官对求职者的第一印象，这个印象一旦形成很难在短时间内改变，结果就会影响面试官对求职者的准确评价。

（3）以偏概全

面试官由于求职者某一点的优势，就对求职者做出整体良好的评价。这种抓住一点不及其余的做法，会忽视求职者不具备或者某一方面表现较弱的能力。

3. 面试官对面试信息不做记录或记录不完整

一些面试官在面试的时候，对求职者的评价不做记录或者记录简单，等面试结束后再做具体评价。这种做法在面试求职者人数少时还可以，如果是面试同一职位，并且求职者人数较多时，这种方法会造成面试官只对很少的几个人有较深的印象。结果就会造成对求职者的不公平，也会影响事后的监督和对面试的总结。

4. 忽视求职者的求职动机

在面试过程中，很多面试官都把主要精力用于考核求职者的能力素质上，而忽视了对求职者求职动机的了解。

5. 面试官的一些行为可能会导致求职者不满

一些面试官的行为可能会导致求职者的不满情绪。例如，面试官提问不专业、面试时迟到、对求职者的要求不统一等。其实，面试是一个双向选择的过程，只有双方都满意，面试才会成功。面试的过程也是求职者对企业认识的过程，求职者可以通过面试程序、面试环境、面试官的综合素养等情况，对企业形成整体的印象。

6. 面试官的经验主义

有的面试官会凭借自己过去面试的经验对求职者进行评价和判断。这种做法是不可能对求职者做出准确评价的，因为企业对职位的要求和求职者的个人情况是在变化之中的。以老办法进行招聘，对求职者和企业都是不负责任的。

以上问题的存在，使企业在招聘人才的时候对求职者存在不完全了解，于是只有在其入职之后在进一步考察。如果在试用期内考察不合格而被淘汰，不但浪费了企业的招聘成本，而且会使企业蒙受诸如工作效率下降、重要客户流失的损失。所以，面试官要注意以上问题，力争为企业找到合适的人才。

第六节 面试官电话面试技巧

当求职者离公司较远时，面试官通常会采用电话面试的方式。即通过电话对求职者的情况进行了解，例如自我介绍、工作经历等。电话面试也是企业用得越来越多的一种面试方式。

电话面试有以下几个优点：一是节省约见成本，与传统面试相比更灵活、更高效；二是节省面试时间和费用成本，初次面试往往时间都比较短，通过电话面试能节省双方的时间和费用成本；三能了解求职者的语言表达能力。现在，很多企业把电话面试纳入了面试流程。电话面试是对求职者的初步了解，对求职者能否参与第二次面试起决定性作用。对面试官来说，掌握电话面试的技巧是非常重要的。根据以往的招聘经验，总结出以下六个技巧。

1. 做好拨打电话前的准备

在电话面试时，求职者通常会问到有关工作内容、公司情况、工作时间、工作地点、薪酬待遇等问题。那么作为面试官要对这些问题非常熟悉，要做到有问必答、清晰流利，这就要求面试官在事前做好功课。面试官准备越充分越详细，就能在回答求职者提问时表现得越专业，从而给求职者留下好印象。

面试官与求职者通话的过程，也是双方互相判断的过程，求职者会通过面试官的语气形成对公司的初步印象。所以，面试官在向求职者传递公司信息的时候，要充满自信，让求职者相信自己的公司是最棒的。如果面试官的语言表达模棱两可、含糊不清，就可能给求职者留下不好的印象，从而错过合适的人才。

2. 保证简历量，提高简历匹配度

简历的质量和匹配度直接影响电话面试的效果，面试官无论是搜索简历还是筛选简历，一定要注意简历的质量和匹配度。特别是在筛选简历的时候，由于简历不可能包含求职者的所有信息，在不能确定的时候，面试官可以通过电话面试来帮助筛选。

3. 把握电话面试的关键点

面试官在拨通求职者的电话后，首先确认对方的身份，然后简单做自我介绍，再说明打电话的目的，再询问求职者是否方便接电话。

在电话面试过程中，有四个环节需要把握：一是公司背景的介绍、工作职位情况的介绍；二是询问求职者的工作意愿及相关工作经历；三是流利回答求职者的提问，像工作地点、薪酬待遇等；四是告知求职者面试的地点、时间、路线及所带资料。

在电话面试的过程中，会遇到各种情况，这就需要面试官灵活应对。电话面试也是一个双向匹配的过程，对面试官来说要学会倾听，了解求职者最关心的事，并引导求职者表达，从而了解到更多需要了解的信息。

4. 面试官要调整心态、控制个人情绪

在电话面试过程中，面试官会遇到各种各样的求职者。有的素质高，有的素质低；有的会积极配合，有的消极应对，甚至会说话难听、口出恶言。在这时候，无论遇到什么样的求职者，面试官都应该保持风度，不能让他们的行为影响到自己的情绪。在与求职者沟通过程中要控制个人情绪，注意语气、态度，要时刻想到自己的行为会影响公司在求职者心中的形象。

5. 做好数据统计工作

每一次电话面试结束后，面试官都要做数据统计。内容包括简历筛选量、简历搜索量、电话面试次数、面试通过率等。对这些数量的统计分析，

可以知道招聘一名合适的求职者需要筛选多少份简历，需要打多少面试电话等，这对面试官以后的工作有一定的指导作用。

6. 做好后期沟通、调整的工作

在电话面试结束之后，面试官要对求职者的情况做出总结，并调整后期简历筛选的方向以及调整电话面试的考察点。

对面试官来说，做好电话面试工作，提高电话面试的技巧，还需要注意以下几个方面。首先，打电话之前通过简历尽可能多地了解求职者，降低彼此的陌生感；其次，对准备要问的问题提前准备好，最好罗列出来以免遗漏；最后，控制电话面试的时间，一般时间不宜过长。

招聘是一个持续性的、环环相扣的工作，而电话面试可能不是最重要的一部分却是不可或缺的。面试官要不断完善和改进电话面试的各个环节，不断提高电话面试的技巧，为提高招聘的效率打好基础。

第 5 章
面试官要善于提问

面试官了解求职者的信息的途径除了看简历外,再有就是面试时对求职者进行提问。提问是一门艺术,面试官可以通过富有技巧性的提问,提高与求职者的沟通效率,得到自己想要的信息。

第一节　面试官提问技巧

虽然求职者的简历是面试官了解求职者信息的一个重要途径，但简历毕竟是间接的。因为，简历中展示的求职者信息可能是虚假的。面对面对求职者进行询问、观察，就会对求职者有更深、更直观的了解。

对求职者的提问是需要技巧的，如果提问的方式和问题不对，就不会得到自己想要的信息。面试官在对求职者提问时，不是随意的，而是有目的性和针对性的。在对求职者准备提问前，面试官要注意以下三点：一是对所招聘的职位有深入的了解，知道胜任该职位需要的核心特质；二是所提问题要紧紧围绕胜任职位的核心特质；三是所提问题的核心是让求职者讲述行为性事例。下面先看一个案例。

刘先生是一名资深的面试官。一次一家大型制造企业的李总，邀请刘先生给他们做一个重要职位招聘面试的测评。这家企业所招聘的职位是高级营销经理，经过几轮的筛选，还剩下两位候选人参加面试。

在这次面试中，李总亲自担任主考官。一开始，李总对第一个候选人提了三个问题。一是这个职位需要带领几十个人的队伍，你认为自己的领导能力如何？二是这个职位需要很强的交流、沟通能力，你在团队工作方面表现怎么样？你的团队精神好吗？三是这是个重要岗位，工作压力大，需要经常出差，你觉得你能适应这种高压力的工作状况吗？

对李总的提问，其中一个候选人是这么回答的。第一个问题，我管理人员的能力非常强。第二个问题,我的团队精神非常好。第三个问题,能适应,非常喜欢出差。对于候选人的回答是不是真的,是不是他的真实想法,李总其实并不知道。因为,李总提的问题已经给候选人进行了暗示,候选人没有别的选择,必须说"是"。

当候选人回答完这些问题以后,刘先生马上叫了暂停,因为刘先生感觉李总提出的问题有些不妥。随后,刘先生又用了几分钟时间对这个候选人进行了询问,把求职者的回答和真实想法告诉了李总。

刘先生接下来对李总所提的问题进行了重新设计,一是管理能力方面:在你以前的工作中,有多少人向你汇报工作?你又向谁汇报工作?你是怎么处理团队成员之间的矛盾的?请举例说明一下。二是团队精神方面:营销经理经常会和其他部门发生矛盾,你是否遇到这样的问题,当时是怎么处理的?作为营销经理你对公司内部的沟通状况有哪些改善建议?三是能不能经常出差:在以前的工作中需要加班吗?多长时间出差一次?在这种工作状态下影响你的家庭生活吗?你对这种出差频率有什么看法?

刘先生对问题进行重新设计以后,李总便从两个候选人那里得到了更多想要的信息,最后选拔出了自己需要的人才。

在这个案例中,李总的提问方式客观上对候选人造成了暗示,他们肯定会回答出李总想要知道的答案,而李总得到的信息可能是不真实的。而刘先生对同样一个问题进行重新设计之后,可以让李总从候选人那里得到更多的信息,从而做出正确的判断。

在面试过程中,同样一个问题面试官有不同的提问方式,得到的答案也是不一样的。面试官想要知道求职者更多的信息,选拔出企业真正所需的合适人才,就需要掌握一些提问技巧。下面七个技巧可以作为参考。

1. 开放式提问

开放式提问就是所提的问题让求职者自由发挥,开始面试的时候可以用这类问题消除求职者的紧张心理。这种提问方式又分为无限开放式和有限开放式。第一种方式是为了和求职者进行沟通,没有一定的回答范围;第二种方式就要对求职者的回答范围有一定的限制。

2. 封闭式提问

就是要求求职者针对某一问题做出明确的回答,一般是用"是"或"否"来回答。这种提问方式就是面试官想得到明确的答复,并不想让求职者对这一问题进行发挥。

3. 清单式提问

这种提问方式是为了考察求职者的判断、分析和决策能力,要求求职者在众多选项中进行优先选择。

4. 假设式提问

假设式提问的目的是为了探查求职者对某一问题的态度或观点,要求求职者发挥想象力,对某一问题从不同角度进行思考。

5. 重复式提问

重复式提问是让求职者知道面试官已经接到了求职者答案,再次提问只不过是为了验证获得信息的准确性。

6. 确认式提问

确认式提问就是为了鼓励求职者继续与面试官进行沟通,而面试官表现出对求职者所提供信息的关心和理解。

7. 举例式提问

这是面试官进行面试时的一项核心技巧,就是面试官在考察求职者的工作能力、工作经验时,针对求职者过去的工作经验中的特定例子进行询问。

在面试过程中的提问,并不是单一使用哪一个提问方式,而是根据需要进行综合运用。当然,面试官的提问也要讲求一定的技巧性,也要注意以下一些问题:

1. 尽量不使用引导性的提问方式

带有引导性的问题会让求职者知道面试官想要的答案，求职者就会顺着面试官的意思回答，使面试官得不到真实的信息，从而会对求职者造成误判。

2. 可以有意提一些矛盾的问题

这些问题可能会使求职者做出相互矛盾的回答，面试官可以根据求职者的回答，判断求职者是否隐瞒了真实情况。这种方法可以使面试官加深对求职者的了解，并对求职者做出正确的评价。

3. 了解求职者的求职动机

通过询问求职者的离职原因、求职目的、个人发展等问题，来判断求职者的求职动机。

4. 直截了当地提出问题

面试官在提问时要直截了当，有疑问马上就问，语言要简练，并做好记录。要注意的一点是，不要轻易打断求职者的讲话，等回答完一个问题后，再接着问别的问题。

提问的方式会影响面试官对求职者的判断，所以面试官很有必要掌握一些提问的技巧，尽可能多地询问到求职者的信息，以便做出正确的判断，为企业招聘到真正所需要的人才。

第二节　巧妙把招聘要求包含在提问中

很多面试官在招聘的时候，虽然心里有最佳求职者的轮廓，但在面试考核的时候总感觉有不足的地方。出现这种感觉的一个重要原因，就是没有把招聘要求转化为面试提问，或者是转化得不完全。

面试官提问的目的就是更好地了解求职者是否有岗位职责所需的特质。任何职位都有任职要求，如果直接询问求职者符不符合这些要求，无论求职者回答"是"或"否"，都是不能令人满意的。

比如企业在招聘销售人员的时候，都希望所招聘的人员有以客户至上的理念，能够全心全意为客户做好服务。对这样的任职要求，如果面试官在招聘的时候直接问求职者"你觉得自己服务客户的意识怎么样？"相信所有的求职者都会做出肯定的答复，而面试官却不知道他们的回答是不是真心的。因为得到的信息太少，面试官也不能对他们的服务意识做出判断，这样的招聘方式无疑是不成功的。

然而，在招聘工作中，如果面试官把招聘要求巧妙地包含在提问当中，就能对提高招聘的效果大有帮助。

我曾经在面试一个求职者时，问他这样一个问题"请你评价一下你的上一任经理"。这个求职者就滔滔不绝地讲起来了他的上任经理的是与非，以及不好的印象等等。其实，我问这个问题，并不是想知道他与上任经理之间的是是非非。我要考察的是在求职者的个性中是否有"八卦"或者"阴暗面"；是否有"公正客观""注重工作"等一些隐形问题。当求职者毫无忌讳地大谈特谈前任经理的是非时，就完全暴露了他的人品、个性。

这就是把招聘要求巧妙地包含在提问中，看似问的是工作上的事，其实是考察候选人的人品和素质，以及他看问题的角度和格局。这种巧妙的提问方法，比直接问问题效果更好。在候选人放松的时候，才能考察出他的真实想法。

那么，如何把招聘要求转化为面试提问呢？其实，把招聘要求转化为面试问题也是有规可循的，可以经过以下三个步骤达到目的。第一步，通过角色扮演法让求职者扮演模拟角色，考察其在遇到某一类问题时采用什么样的策略解决；第二步，利用个人的工作经验和专业知识对求职者的表现做出判断；第三步，让求职者自己介绍他处理此事时的所思所想。以上三个步骤可以帮助面试官有所重点地把招聘要求转化为面试提问。

由于招聘的职位不同，对职位的要求不同，在把招聘要求转化为面试问题过程中就会遇到各种各样的问题。如何解决这些问题呢？以下六点可以作为参考。

1. 对求职动机的提问

一般来说，求职者对这类问题都有所准备。当面试官问到这类问题时，他们的回答有时候不可能是出于真心的。为了保证求职者回答的真实性，面试官在提问的时候要尽量使问题听起来与求职动机无关。也可以把包含求职动机的问题在不同时段分别提问，并做好记录，最后进行对比，这样可以使面试官比较准确地把握求职者真实的求职动机。

2. 对价值观的提问

面试官在考察求职者的价值观的时候，可以设置一个情景让求职者进行判断。但是，情景的设置应该让求职者无法直接判断出如何决策是对的，这样才能更真实地了解求职者的价值观。

3. 对职业规划的提问

求职者职业规划包含两个方面的内容：一是对职业的认知，二是与企业招聘的职位相符合。对求职者职业规划的提问可以与求职动机考察结合在一起，以此来考察求职者回答的真实性。

4. 对求职者个性特点的提问

俗话说"物以类聚，人以群分"。无论什么性格的人，往往都喜欢和自己性格相似的人在一起。对求职者个性特点的考察，可以询问其在人际交往中的偏好，据此判断求职者的性格特点。

5. 对求职者工作经验的提问

求职者一般都会在简历中描述自己具备适合招聘职位的工作经验，但是这些描述不一定是真实的。为考察求职者的工作经验，面试官可以采用行为面试法和压力面试法，并且要不断追问其细节，然后根据求职者的回答来判断其工作经验的真实性。

6. 对沟通交流能力的提问

对沟通交流能力的提问最好使用角色扮演法，观察求职者能否从对方的角度来理解和思考问题，并且在与不同的交流对象沟通时能否清晰地表达出自己的意思。

面试官在面试求职者的过程中，对一些问题直接提问，可能得不到想要的信息或者信息不真实。并且对于一些敏感问题的答案，求职者都会在事前准备好。他们会有意回避对自己不利问题，而把自己最好一面展示出来，这些展示出来的情形有可能是不真实的，或者是夸大的。所以，面试官在提问的时候，要巧妙地把招聘要求包含在提问中，让求职者在不经意中暴露自己的真实想法。

第三节　把考察内容隐藏在提问中

如今的一些求职者可谓"身经百战",对面试官的提问早已烂熟于心,为面试官准备好了满意的答案。面对这样的情况,面试官也要适当采取一些不按常理出牌的行动,可以把考察内容隐藏在提问中,不让求职者轻易看出来。在求职者无所防备的时候就会透露一些真实的信息,面试官便可以根据这些信息做出比较精准的判断。

把考察内容隐藏在提问中,是一种比较隐蔽的方法。这种提问方法其实是"醉翁之意不在酒"。通过这种方式的提问,分散了求职者的注意力,从而能得到求职者的真实想法。

刘成应聘一家集团公司的大区经理,经过几轮选拔,他坚持到了最后。在最后一关面试中,面试官好像不经意地问了刘成一个问题"在原来的公司中,你认为哪些部门限制了你所在部门的发展?"

要说这也是一个普通的问题,很多求职者可能都会被问到。然而,有的求职者在听到这个问题后,就开始滔滔不绝地讲解这个部门的不是,那个部门的不对,好像所有的部门都在拖他的后腿,说到不满处还会义愤填膺。而刘成则与众不同,他没有说别的部门的不是,而是从自身找原因。就因为这个,企业老总和面试官决定录用他。

在这个案例中,面试官就是采用了把考察内容隐藏在提问中的方法。面试官在提出这个问题的时候，真实的目的并不是想听求职者的抱怨和牢骚。面试官想真正了解的是这个求职者遇到问题能不能从自己身上找原因，有没有团队合作的精神。

像这样把考察内容隐藏在提问中的方式最能考察出一个人的个性和素质，以及他看问题的角度与格局。那么，如何把考察内容隐藏在提问中呢？主要有以下三种方式：

1. 隐匿式提问

这是面试官最常用的方式，也是面试官必须具备的一项基本功。要做好隐匿式提问，重要的是做好对问题的设计。面试官可以从以下几点进行：

（1）隐藏考察要点

就是在提问时不出现对考察要点的表述，用别的概念来代替考察的要点。例如，考察求职者的职业规划时，可以这样问，"请问你对未来5年有何打算？"如果求职者这样回答，"我希望未来5年，经过职位的锻炼，能成为部门负责人。"这就说明求职者对自己的职业前景有规则、有目标，知道自己想要什么以及怎么达到。

（2）把考察要点植入到另一个问题上

这种方法要求面试官清楚了解考察要点与有关问题的内在逻辑关系，这也要求面试官有一定的逻辑推理能力。例如，要考察求职者是否具有主动性时，就询问求职者在工作中遇到困难时怎么处理，可以了解求职者在工作上的主动性。又如，询问求职者的离职原因，可以分析其求职的动机。

（3）引导求职者做出相反的回答

就是对求职者就某一个问题进行考察时，故意从相反的角度提问，再引导求职者做出肯定的答复，而这个答案正好与考察重点是相反的。例如，需要考察求职者是否具备团队合作精神时，可以询问求职者喜欢什么样的运动。但是，如果求职者比较有面试经验，他就会知道这是在考察他的团队精神，会毫不犹豫地回答足球或者篮球。这时面试官就换个角度问，"你不喜欢篮球吧"，求职者就可能回答出真实的情况。

2. 堵截式提问

面试官在提出一个问题时，求职者可能从多个角度进行回答，这其中一定存在与考察重点无关的回答。这时候，面试官就要使用堵截式提问，明确要求求职者给出最肯定的回答。这样就会防止求职者漫无目的、毫无重点的答复，同时也有利于对问题的跟进。

例如，当面试官需要考察求职者创新思维的时候，如果直接问在工作流程上是否满意，那么求职者肯定会回答"满意"，这就达不到考察的目的。如果面试官这样问"你认为有没有完美的工作流程存在？"那么求职者肯定会回答没有，因为不存在完美的事物。然后，面试官再问工作流程有什么需要改进的，这样就能达到考察目的了。堵截式提问能让面试官更好地控制求职者不偏离回答问题的目标，从而达到考察的目的。

3. 无序提问

以上两种提问方式，确实能够解决考察目的的真实性，能够对求职者做出比较准确的评价。但是，前提是求职者没有太多的面试经验。如果求职者有丰富的面试经验和强大的心理素质，这两种方法对他们的作用不大。他们还是能够隐藏一些真实的情况。那么，怎么解决这样的问题呢？

这时候就可以使用无序提问了。无序提问就是把各种问题的顺序打乱，顾左右而言他，让求职者对面试官的提问思维无从了解，求职者也就不能根据面试官的好恶来回答问题。

但是，使用无序提问要求面试官掌握好节奏，问题虽然是乱的，而自己内心是十分清楚的，这才能达到提问的目的。

以上三种面试提问的方式可以帮助面试官应对应聘者的小聪明，帮助他们更好、更准确地判断应聘者真实的能力和素质情况。所以，为了更准确地对求职者做出评价，面试官需要把考察内容隐藏在提问中，从而得出真实的信息。

第四节　面试官怎么谈薪资

面试官在面试应聘者的过程中，薪资谈判是少不了的。对面试官来说，如何谈薪资是个技术活，薪资问题处理不好，会影响招聘的效率。薪资谈高了，不但破坏了企业的薪资结构，而且会影响老员工的情绪，打击老员工的积极性。对于各方面条件都合适的应聘者，如果薪资谈低了，人家不愿意来，又增加了招聘的难度。面对这种情况，面试官应如何处理呢？

1. 不要急于谈薪资

面试官在面试应聘者的时候，一开始先不要急于谈论薪资。面试官要做的就是尽可能多地了解应聘者，同时也让应聘者对企业和所应聘的职位有所认识。把薪资的谈判往后拖延，在双方增进了解后，就会掌握更多的主动权。如果应聘者的条件符合企业的要求，并且又是唯一人选，那么面试官可以把薪资提高一些；如果应聘者的条件尚可，而且只是候选人之一，那么薪资就可以适当压低一些。

2. 不要询问期望薪资

面试官在与应聘者谈判薪资时，经常犯的一个错误就是询问应聘者的期望薪资。当应聘者说出自己期望的薪资是多少时，如果低于企业开出的薪资标准，那当然是皆大欢喜；如果高于企业开出的薪资标准，面试官就会陷于被动。

所以，在开始谈判薪资的时候，面试官应该先询问应聘者目前或者上一份工作的薪资是多少。这样问不但使面试官有了参考的标准，而且为后面的谈判留有余地。

3. 事先对薪资设置一个范围

一些企业在发布招聘信息的时候，会把薪资的范围公布出来。其实，这种做法是不妥的，企业应该保留薪资的上限，只公布薪资的下限及中间值。这样面试官在与应聘者谈判薪资的时候，就有了谈判的空间。如果面试官在面试中遇到条件很好的应聘者，在谈判薪资时就有了提高的弹性空间。同时，只公布薪资的下限和中间值，对薪酬要求过高的应聘者就会直接绕过，这样也会节约面试官的时间，提高面试效果。

4. 明确岗位薪资的上下限

面试官一定要知道企业招聘的职位对企业的价值多大，并且要知道企业愿意为这个职位支付的最高薪资，这样才可能找到与企业提供薪资相符的应聘者。企业提供薪资的上下限不够明确，那么当面试官与薪资要求过高的应聘者谈判时，只会是浪费双方的时间。并且企业薪资上下限明确之后，是不能打破的，否则不仅会增加企业的成本，而且会引起老员工的不满。

5. 掌握彼此的薪资信息

面试官在与应聘者谈判薪资的时候，不仅要了解企业的薪资现状，而且要了解应聘者现在真实的薪资和以前的薪资，同时对市场上同类人才的平均薪资也要清楚。因为，有的应聘者可能会虚报自己的薪资，从而误导面试官的薪资对比标准。只有面试官清楚了解各方的薪资情况，才会在薪资谈判中掌握主动权。

6. 薪资谈判要明确标准

一般来说，应聘者在薪资谈判的时候，不愿意说出自己的真实薪资要求。这是因为应聘者担心说出自己的真实薪资待遇就会在谈判中处于不利地位，然而薪资的谈判是面试中的关键部分，是不能含糊其辞的。这个时候，面试官可以直接告诉应聘者，这个空缺的职位必须要知道你是不是合适人选，不要浪费彼此的时间。同时，为了避免双方的尴尬，可以先提出一个薪资数额来试探应聘者，在正式谈判薪资时，再具体确定。

7. 提出其他福利待遇

其实，一个职位的薪资待遇不仅仅体现在薪资上，还有股权、奖金等。在应聘者的薪资要求与企业提供的薪资不符合时，面试官可以告诉应聘者，虽然职位的基本薪资比你期望的低，但是企业会有股权，或者年底的奖金会很高。面试官要想办法在不增加薪资的情况下，让应聘者看到职位的实际价值，增加职位对应聘者的吸引力。同时，面试官还可以聆听一下应聘者对工作提出的一些条件，尽量满足他们的要求，这对应聘者也是有一定的吸引力。

8. 用心理战降低应聘的薪资期望

有的企业在急需人才时，会采取提高薪资的办法。这并不可取，会让应聘者有过分的优越感，甚至认为自己能牵制住面试官，进而提出更高的要求。虽然企业急需人才，但是面试官不能操之过急，在面试的时候要表现出不着急的样子。如果应聘者期望的薪资过高，即使条件非常适合，面试官也要冷静，要想法降低他对薪资的期望。例如，有一个应聘者非常适合企业的岗位，也是企业急需的人才，但是他的薪资期望太高，企业满足不了。他的自信心又强，不肯降低薪资，而面试官又非常想聘用他。这时候面试官想出了一个办法，就是考他几个非常有难度的专业问题。应聘者一时答不上来，自信心受到了打击。面试官再与他谈薪资的时候，他的态度就松动了，很快就按照企业的薪资标准谈妥了。

9. 薪资谈判时态度要诚恳

面试官面试应聘者的目的是为企业招聘到合适的人才，而不是为了把薪资压到最低。所以，面试官在谈判薪资时态度要诚恳，在不能满足应聘者的薪资要求时，要直接告诉应聘者，免得浪费双方时间，做无用功。同时，面试官也不能欺骗应聘者，许下将来高薪的承诺，如果将来不能兑现，应聘者就可能会辞职。虽然企业暂时省了一笔钱，但是将来可能会付出代价。当面试官态度诚恳的时候，应聘者就可能因为喜欢工作内容，或者工作环境而接受企业提供的薪资。

10. 要用事业吸引人

面试官在面试应聘者的时候，可以多介绍一些企业团队、文化、未来的前景等。面试官可以结合应聘者的个人特点，帮助应聘者规划一下职业前景，引导应聘者将来与企业共同奋斗、共同成长。一般来说，应聘者都关心自己未来的成长，用企业前景、事业吸引应聘者，就会使他们对薪资的期望不那么高。但是，面试官要切记，用这个方法时要实实在在，不要吹牛。

11. 故意降低应聘的薪资期望

对薪资期望过高的求职者，面试官可用故意降低法。例如，应聘者期望是8000，如果面试官觉得他只值6000，这时面试官可以告诉应聘者企业只能提供5000。这个时候，应聘者就可能亮出他真实的薪资期望，他的底线亮出以后，再谈判薪资就轻松了。但是，面试也不能拼命压低应聘者的薪资，即使应聘者接受了这样的薪资，那也是暂时的，将来他迟早会离开。

12. 要一次把薪资谈清楚

面试官与应聘者谈薪资的时候，要一次把薪资情况谈清楚，就是要谈好试用期工资和转正工资，使双方都有一个明确的标准。如果留下转正后工资不谈，到试用期结束后再谈，就可能谈不拢，对双方都是一个损失。

薪资谈判是面试官绕不过去的话题，面试官与应聘者谈论薪资的目的，是在企业提供薪资的标准内招聘到适合的人才。

第 6 章
做现场的控制者

在面试过程中,面试官要做面试现场的控制者。面试现场氛围的紧张、轻松都要在面试官的掌握之中,毕竟面试效果的好坏与面试现场的氛围是有很大关系的。

第一节 营造面试氛围

面试不是随随便便进行的,也不是随便找个地方就可以的。每一次面试都是经过面试官精心设计的,是在特定的氛围中,经过与应聘者面对面的交流沟通,完成对应聘者知识水平、能力素质的考察,最后决定是否予以录用。

不同的面试氛围对应聘者考察的内容不同。例如,紧张的面试氛围是考察应聘者在面对压力时的反应能力以及心理承受能力。轻松的面试氛围,是为了让应聘者在身心放松的时候,暴露出更多的自身信息。所以,面试官要根据不同的考察内容,打造不同的面试氛围。一般来说,营造面试氛围有以下两种方式。

1. 压力式

就是面试官有意识地营造紧张的气氛,这种方式是考察应聘者在压力之下的反应、思维敏捷程度以及随机应变能力。

2. 轻松式

面试官营造出一种融洽轻松的氛围,与应聘者进行聊天式的交谈,无拘无束、海阔天空。面试官采用这种方式的目的,是通过聊天考察应聘者的语言表达能力、知识水平、气质和风度,也就是说对应聘者进行全方位的考察。

现在虽然很多企业都采用了轻松的面试氛围,但是看似轻松的面试法,里面也安排了很多小考验。这是面试官故意打造的氛围,在这种氛围下应聘者都会身心放松,在不经意间暴露出真实的能力和性格。

在外企当过6年面试官的王先生介绍说,在面试氛围上看似轻松,里面隐藏着很多玄机。他说看应聘者坐在应聘桌哪个位置上,就能看出应聘者的大致性格。例如,应聘桌是长方形或椭圆形的,桌子如果是横放在门前,面试官的位置是正对着门。有的应聘者会直接挨着面试官坐在主位上,离面试官很近,也许是应聘者想表现自己的轻松自信,但是他的这种行为在他的性格上却表现出有自大傲慢的一面,不懂得商务礼仪。而有的应聘者是坐在面试官对面的位置上,则表现出了既谦虚又自信的性格。

有的面试官在轻松的面试氛围中,像是与应聘者聊天的朋友,会问应聘者感情方面的一些问题。例如,有没有男(女)朋友?是不是在本地工作?还会问家庭成员方面的一些问题。这类问题看似轻松,与应聘关系不大,但都是有用意的。面试官实际上想知道的是如果录用应聘者之后,他的工作能否稳定、长久。

有的面试官会故意犯一些小错误。例如,让应聘者填一张表格,上面故意有一些错别字。面试官是借此来考察应聘者细心的程度,以及是否敢于表达自我观点。

轻松面试是现在很流行的一种面试方法,这是故意营造的一种面试氛围。这种面试方法能更好地从一些细小的地方了解求职者,因为人在放松的时候容易降低警惕性,一些习惯或个性就容易暴露出来。

可见,在面试过程中,面试氛围的营造很关键。面试官营造不同的面试氛围,可以考察出应聘者不同的能力特征、性格特点。

不同的面试现场氛围,对应聘者考察的重点不同。除了特殊情况,现在一般采用的都是比较融洽的轻松面试氛围。因为,面试是面试官与应聘者一种双向沟通的过程,在这一过程中双方是通过语言形式完成信息的交流沟通。在交流沟通中能否达到预期目的,取决于面试官是否认为双方的交流沟通是平等的,只有平等的交流沟通才能使双方坦诚相见。

面试是为企业选拔人才的过程,在面试中面试官运用一些面试技术是应该的,是为企业负责的。但是面试也是双方选择的过程,面试官代表的是企业形象。在面试过程中,面试官与应聘者平等的交流沟通是面试官需要做到的。

第二节　面试现场控制

面试官要有控制面试现场的能力，能控制面试现场就掌握了面试的主动权。面试现场控制也是招聘的核心。因为面试现场氛围的控制、集体面试的秩序等等，都需要面试官有很强的掌控力。

面试现场的控制决定了招聘的成败，如果面试现场控制不好，就会影响招聘的效率和效果，也不可能把应聘者的真实能力考察出来。

一家企业委派几名人力资源部门的招聘人员到某大学进行招聘。当时正是大学生毕业找工作的时候，很多学生来报名参加这家企业的面试。经过一轮面试、笔试之后，这家企业从200多报名者中选拔了20多人参加最后一轮的面试。

在这一轮考核环节，有一项是"无领导小组讨论"。面试官在宣布完讨论的题目之后，就静坐在一旁。这些求职心切的大学生，为了表现自己，争先恐后地发表意见。现场顿时变得嘈杂混乱，往往是一个人的观点还没有发表完，就被另一个人打断了。

面试现场失去了控制，吵吵闹闹。面试官吴先生看到这种情况，他知道学生们再这样吵闹下去，不但浪费时间，还会影响到招聘效果。吴先生就走过来说："大家都不要抢，你们可以确定一个主持人。"学生们听了吴先生的话，现场马上安静了下来。吴先生同时提议让一名女学生作为主持人，让另一名女生负责记录。学生们都同意他的意见，这样安排之后，现场的无序发言变得有序起来。最后，这一轮面试效果不错，吴先生等工作人员也圆满完成了这次招聘任务。

面试现场的控制对面试官来说非常重要，特别是在集体面试的时候，由于人多事杂，首先要做的就是维护好秩序。面试官对现场的控制还表现为能收放自如，要根据具体考察的内容来决定。

1. 掌握主动，有效控场

在面试过程中，通常有几名面试官。这时候需要有一名面试官负责在面试过程中的主持与控制。时刻确保面试官掌握主动权，不能让应聘者牵着鼻子走。应聘者如果反客为主，面试官就处于被动位置，就不可能了解应聘者真实情况。那么面试的效果就会大打折扣，不可能选拔出真正需要的人才。

为了避免这种情况的发生，面试官要围绕考察的内容展开提问，并且进行追问，不能让应聘者信马由缰、随意发挥。如果在面试时偏离主题，既浪费时间，又不可能了解应聘者的真实信息。

2. 控制时间，避免应聘者讲长故事

面试官要有时间观念，这是做好现场控制很重要的一点。一般来说，面试的时间都是有限的，特别是在应聘者人数较多时。如果在一个应聘者身上花费太长的时间，那么后面的应聘者都要等待。并且越到后面，时间越紧，面试官的时间压力也越大，就会造成对后面的应聘者考察仓促、评价不准确的情况。

因此，面试官要掌控好时间，面试之前做好充分准备，并且每位面试官要进行分工。有的应聘者语言表达能力好，喜欢发表长篇大论，这时面试官就要提醒他回答重点。要想让应聘者明确回答问题，面试官要尽量在问问题时，重点突出，每个问题考察的内容尽量单一。

3. 善于用手势中止话题

在面试过程中，面试官要善于运用不同的手势。有的手势是鼓励应聘者

多说，而有的手势是用来中止话题的。通常来说，面试官的手掌面对应聘者的时候，表示应聘者的话题可以停止了；当面试官的手掌心向上抬时，表示应聘者可以继续发表观点。

4. 要善于对结束的话题作总结

有的应聘者在回答面试官的问题时，可能由于语言组织能力欠佳，不能抓住问题的要害，而又担心自己表达得不够清楚，这时候就会说很多。然而，虽然应聘者说得多，但是信息可能是零散的。那么面试官就要善于做出总结，这样有利于中止话题，避免浪费时间。

5. 最后安排应聘提问

在面试过程中，有的应聘者会向面试官提出一些问题。但是，面试官不能回避这些问题，应该给予适当的回答。然而，面试官最好事先做出声明，最后集中时间回答应聘者的问题。这样做的好处是，能够保证面试程序顺利完成。如果中途不断停下来回答应聘者的问题，就会影响面试的计划流程。

在面试过程中，面试官会遇到形形色色的应聘者，面试官要做的就是尽量了解他们的真实信息。有的应聘者可能有丰富的面试经验，甚至看过《求职攻略》等书籍。但是，无论如何面试官都要牢牢掌握现场的主动权，这是顺利完成面试的保证。

第三节　面试官面试时的心态控制

面试时，面试官的心态也至关重要，要熟悉多重人格的特征。在面对不同求职者的不同表现的时候，要不断变换自己的角色，以期达到考察出应聘者真实情况的目的。面试官要做到这一点，就需要有良好的心理素质，时刻保持良好的心态，将局面把握在自己的控制之中。

然而，这不是一件很容易的事。因为在不同角色之间进行转换，不仅需要面试官具有丰富的人生阅历，而且还要具备心理学知识，能够把握各种性格的特点。但是，这也不是说非要像演员演戏一样，演什么像什么。下面几种方法可以作为参考。

1. 对求职者故意刁难

面试的时候，求职者有时在回答面试官问题的时候会显得紧张。出现这种现象的原因多半是面试官在面试的时候采用了压力面试法，对求职者进行了故意刁难。

面试官采用压力面试法是有一定目的的，这是所招聘的职位特点决定的，有的职位需要求职者具备一定的抗压能力。面试官要通过压力面试法，测试求职者的应变能力和心理素质。如果求职者在面对压力面试法时，认为面试官故意刁难自己，或者认为自己的自尊心受到伤害，从而表现出愤怒情绪，甚至对面试官反唇相讥，那么就说明求职者承受压力的能力弱，自然会被淘汰。如果求职者面对压力测试时能够保持冷静和基本的礼貌，说明求职者具有良好的心理素质和个人修养，通过这样测试的人通常都会被录用，并委以重任。

刘先生去一家跨国公司面试，这家公司招聘的是一个服务客户的职位。在刘先生面试的时候，坐在他对面的面试官，拿起他的简历，傲慢地瞄了一眼，然后往桌子上一丢。又傲慢地问道："这是你的简历吗？"刘先生礼貌地回答："是的，你觉得有什么问题吗？"面试官盯着他说："当然有问题，你是四川人，你不会说四川话，怎么做好工作？"刘先生冷静地回答说："在这样一个大城市里，不会说方言，并不会影响工作。如果我的工作需要我说方言，我会马上说的。"

这时面试官收回目光，又在他的简历上瞄了一眼，突然问道："如果公司有紧急任务需要你去处理，这时候你父亲正好生病住院，你会怎么办？"刘先生想了想说："我会先找个同事帮忙，然后自己赶去医院，如果情况不严重，自己再马上赶回来。"面试官紧接着问道："这个任务只能你来做，没有人能替代你，你会怎么做？"刘先生回答说："抱歉，我还是会回去的，因为什么也没有亲人重要。"

面试官对刘先生说："鉴于你今天的表现，让我很失望。你没有被录取。"刘先生并没有生气，站起来向面试官礼貌地告辞。没想到，不久之后，刘先生收到了这家公司的录取通知，原来这家公司招聘的职位需要求职者有一定的心理承受能力。而刘先生在面试中的表现让面试官觉得他在面对压力的时候，能保持冷静和克制，与职位的要求很适合。

面试官在对求职者进行压力面试的时候，就是故意找求职者的茬，并对求职者表现出傲慢、轻蔑的情绪。可能一开始就问一个很不友好的问题，给求职者一个下马威，让求职者在委屈和愤怒中暴露出真面目。但也只有这样才能选拔出心理承受能力强的、并适合职位的求职者。

2. 在讨论中观察求职者的反应

在面试中，面试官有时为了考察求职者敢不敢于坚持自己的意见，就会提出一个问题。在求职者回答后，面试官会与求职者就这个问题展开讨论。

在讨论时，面试官就视情况把讨论发展成为争执。

在面试过程中，面试官相对来说是强势的一方，掌握着求职者能否被录用的权力，而求职者是相对弱势的一方。由于双方地位的不平等，必然会给求职者心理带来压力。很多求职者在面试的时候，都会试图讨好面试官，一般都不会否定面试官的意见，更不要说与面试官发生争执了。

然而，有些职位需要求职者有自己的主见。例如，在专业性很强的职位中，敢于坚持自己的意见才是最珍贵的。如果员工在这样的岗位上不敢坚持自己的意见，一切顺从领导，对企业也是很危险的。所以，面试官故意与求职者进行争执，就是为了考察求职者是否敢于坚持自己的想法，而不是一味地去讨好领导。

3. 友善对待求职者

一般来说，面试官与求职者在心理地位上是不平等的。如果在面试过程中，面试官主动打破这种不平等，并放低身段去"讨好"求职者，那么结果就会不一样。求职者都希望面试官友善，面试官的友善最能让求职者暴露自己最真实的一面。例如，有一些求职者在面试时戒备心很强，这时面试官如果表现得很友好、很礼貌，求职者这时如果表现得更谦逊礼貌，则表明求职者有良好的个人修养。反之，则表明求职者的行为可能是伪装出来的，那么面试官就要对这样的求职者进行进一步考察。

4. 提出其不意的问题

现在很多求职者的面试水平都比较高，并掌握了一定的面试技巧或面试攻略。俗话说："道高一尺，魔高一丈。"在求职者的面试水平不断提高的情况下，面试官也必须在面试上比求职者技高一筹。

在面试中，求职者一般都会准备得很充分，以期在回答面试官的提问时对答如流。如果面试官事先准备好一些冷门问题，在这个时候突然提出来。求职者如果对这个问题回答不上来，则表明求职者并不是那么优秀。同时，提出这样的问题也是对求职者应变能力的考察。这种面试方式，要求面试官具备控制现场气氛和随机应变的能力,能在求职者正得意的时候,突然提出关键性的问题。在求职者没有准备的情况下,暴露求职者真实的能力。

在面试过程中,面试官控制自己的心态,并不是为了演戏,显示自己高人一等,玩弄求职者于掌股之中;而是根据招聘职位的要求,考察出求职者的真实能力。这是面试官必须具备的一种能力,有助于面试官为企业选择出真正合适的人才。

第四节　控制提问气氛

求职者一般都会认为面试现场很严肃，所以会心理高度紧张和警觉。在面试的时候，面试官在观察求职者，求职者也在观察面试官。求职者会根据他们对面试官的印象来表现自己，这种表现可能是不真实的。求职者这种故意表现出来的行为，会对面试官造成误导，进而影响到对人才的选拔。

求职者只有在放松的状态下，才能把自己最真实的一面表现出来。所以，面试官要通过控制面试现场的气氛，使求职者显露出真实面目。

在面试提问时，如果感觉面试的气氛比较紧张，我就采用闲聊天式的面试方法。这种方法一是能够缓和紧张的气氛；二是能够从细节上考察了解求职者的真实能力和性格。

在一次面试提问中，我和求职者东拉西扯地进行聊天，求职者完全放松了下来，也没有了紧张情绪。当我问他为什么辞职的时候，他毫无顾忌地说了很多前公司的坏话。我就判断这个人是不易共事的人，因为他总认为自己做得对，都是别人的错，这是他不懂与人相处的表现，当然也很难与别人共事。

俗话说"细节决定成败"，在轻松的聊天气氛中，包含着很多小考验。要想考察出求职者的真实面目，就要给他们营造一个轻松的提问气氛，因为人在放松的时候容易丧失警惕性。所以，面试官控制提问的气氛时，要做到既不太放松，又不太紧张，使求职者的精神状态保持正常。求职者只有在这种状态下才能发挥自己的真实水平。下面介绍两种控制现场气氛的方法。

1. 善用环境

环境对一个人的精神状态有很大的影响，所以面试地点和环境对求职者是有影响的，面试官要善于通过环境来控制面试现场气氛。然而，由于受公司环境条件的制约，面试的环境不是面试官所能决定的。但是，在条件允许的情况下，面试官可以选择在咖啡厅与求职者进行交流。在这样的环境里，求职者的身心都容易放松，从而能达到与求职者平等沟通交流的目的。

2. 利用沉默

上面的两种方法都是让求职者身心能放松起来，而利用沉默则是让面试的气氛正式起来。一般来说，人们在交谈的过程中，沉默都会让人感觉不舒服，甚至有点尴尬。在面试的过程中，面试官为了达到控制现场气氛的目的，要善于利用沉默。沉默有时候会让求职者猜不透面试官的心思，心理就会紧张，就容易暴露出真实的信息。

面试现场气氛的控制对面试官来说非常重要，不同的现场气氛成就了不同的面试效果。例如，在紧张的气氛下，求职者可能发挥不出自己的真实水平，也影响面试官对求职者实际能力的判断；在轻松的气氛下，求职者容易放松警惕，暴露出自己真实的一面。但是，不同职位的任职需求，需要不同的面试方式和现场气氛。而现场气氛的控制与面试官的心理有很大关系。面试官在不同的心理状态下，都会影响到现场气氛。下面对面试官可能存在的心理状态简单做一下分析，以便在营造面试气氛时作为参考。

1. 优势心理

在一定程度上说，面试官有决定求职者前途的权力，从而产生的一种居高临下的心理。这种心理适用于压力面试时，给求职者营造出一种紧张的现场气氛。

2. "伯乐"心理

俗话说"千里马常有，而伯乐不常有"。可以说面试官是求职者的"伯乐"。面试官都希望自己成为伯乐，为企业选拔出真正需要的人才。这种心理适用于营造平等轻松的气氛，让求职者真正发挥出自己的真实水平，从而让面试官选出真正的"千里马"。

3. 疲劳心理

面试官显现出厌倦情绪，会给求职者营造一种紧张气氛，制造一种压力，会使求职者担心自己是不是回答问题时表现得不够好、面试官不满意，这样求职者就会进一步解释自己的观点。这种情形也有助于面试官了解到求职者的真实想法。

4. 喧宾夺主心理

面试官的喧宾夺主心理就是面试官不让求职者表现自己，而是以面试官自己为中心，不断发表自己的观点。这种心理一般是由于面试官对自己的定位不准确造成的。有的时候面试官在面试的时候应该多听少说。但是，这种心理也可以考察求职者的耐心，以及是不是喜欢打断别人的话，是不是善于发表自己的观点。

5. 专业化心理

面试官的专业化心理就是面试官在提问的时候，喜欢过多地使用专业化的术语。这种专业化的提问方式，会给求职者造成心理波动和压力。面试官专业化的提问方式，对考察求职者的专业能力很有帮助。对于专业水平差的求职者，在大量的专业术语面前会产生迷惑，不能充分理解面试官的意思。

面试现场提问气氛的控制主要在面试官，主要是面试官的心理起到很大的作用。面试官在不同的心理状态下，营造出来的气氛也是不同的。所以，面试官要根据不同的面试内容，营造不同的面试气氛，以达到对求职者全面考察的目的。

第五节　提问与回答的博弈

在面试过程中，面试官主要是向求职者提问，而求职者作答。看似简单的一问一答，其实里面包含了很多内容。

在一次面试时，我问一个求职者有什么爱好？她回答说喜欢听音乐，特别是周杰伦的歌。回答这一句话就完了，我并不是想知道她喜欢听谁的歌，而是想知道她对爱好研究的深度。

而有一个求职者就回答得很好，她说我喜欢音乐，不但是听，还要研究。然后，她举例说，最后流行的《最炫民族风》，它之所以火，就是因为它不但旋律简单，而且还朗朗上口、节奏感强。观众很喜欢，这就是当前音乐流行的趋势。

这个求职者的回答让我很满意，因为她不是停留在表面，而进入了深入的思考和挖掘，探索事物背后的原因。这在职场中，是很需要的一种能力。

面试官提出的每一个问题，并不是只简单看求职者如何回答，而是通过求职者对问题的回答，考察求职者很多方面的能力。下面看几则面试官提问的简单问题，在问题的背后，都隐藏着不同的考察内容。

1. 让求职者做自我介绍

这是面试官常用的方法，就是让求职者站起来用几分钟时间对自己做一个简单的自我介绍，也就是让求职者当众发表演讲。

这并不是面试官对求职者的个人生平感兴趣，而是要考察求职者的当众演讲能力、心理承受能力和逻辑思维能力。

2. 询问求职者的业余爱好

面试官问这个问题并不是想知道求职者爱好什么，而是通过这个问题了解求职者的个性、观念、心态等。为了更深入地了解求职者的爱好程度，很多面试官会追问更深刻的问题。例如，很多求职者会说自己的爱好是读书，面试官可以追问求职者，这段时间正在读什么书？这本书的主要内容是什么？有什么思想感悟？等等。但是，根据我的面试经验，很多求职者对这些问题是回答不出来的。

3. 询问求职者有什么不足之处

古希腊有一句名言"认识你自己"，我国也有"人贵有自知之明"的说法，都是说人最重要的是认识自己。面试官询问求职者的不足之处，就是想了解求职者是否对自己有所思考、是否能认识自己是否分析并反省过自己。如果一个人能清醒地认识到自己的不足之处，并且有改变的愿望和方法，那么这个人就是难能可贵的。

4. 询问求职者自认为最失败的一件事

面试官问这个问题的目的就是了解求职者的胆量和勇气，以及是否对失败的经历进行了反省，并且有没有吸取教训。一个人只有对失败的经历进行总结并吸取教训，才能避免下一次同样的失败。

5. 询问求职者为什么应聘这个职位

询问这个问题，面试官是想了解求职者的求职动机、愿望以及对职位的认识等。一个有良好求职动机，并且对职位的要求、工作内容都非常清楚的求职者，入职之后才能很快进入角色。

6. 询问求职者对该项工作有哪些可预见的困难

面试官询问这个问题的目的是想了解求职者的预测能力，以及对可能出现的问题的应对能力。如果求职者有很扎实的业务基础，会从技术、知识、经验等方面预见到一些困难，这表明求职者是能够胜任这个职位的。

可以说面试的过程，是面试官提出问题后，努力从求职者的回答中进行分析判断的过程。在这一问一答中，充满了双方的博弈。特别是面试官要从求职者回答问题上的一些细小表现，判断出求职者的个性和心理状况。而求职者也是希望通过面试官提问的细节，猜测面试官要考察的重点，并想法应对。所以面试也是双方在细节上相互考察并推理的过程。面试官要特别注意以下几个细节。

1. 动作细节

一个人的动作是一个人心理活动的外在表现，求职者在面试过程中的一些动作细节，能表现求职者当时的心理状态。例如，求职者在回答提问时，眼睛不正视面试官，而是看着别处；甚至手里一边干着别的事情，一边回答问题。这表明求职者对面试官不够尊重，并且心思不在面试上。根据这些细节动作，可以推断出求职者个人修养比较差，并且没有包容心，在工作中会缺乏团队精神。

2. 回答问题时的细节

求职者在回答问题时，面试官考察求职者的一个方面就是语言表达能力。一个人语言表达能力的强弱，并不代表求职者自身实际能力的强弱。但是，从求职者回答问题时的语言表达，还是能够一窥求职者的心理活动。例如，如果求职者在回答问题时，由于急于表达而不小心说出一些方言，使面试官听不懂。这表明求职者只注重回答问题，而忽视了表达方式。由此可以推断，这个求职者的沟通交流能力不是太好，因为他只注重自己的表达，而不关注对方的感受。从而也会表明此人的人际关系处理能力弱，并且与其他人的合作能力也较差。

3. 眼神交流中的细节

俗话说"眼睛是心灵的窗户"，求职者敢不敢与面试官进行眼神交流，就表明其有没有自信。特别是在压力测试的时候，如果求职者从一开始的不敢和面试官对视，到最后怒目相向，则表明求职者在压力之下已忍耐到极限。这样的求职者不适合压力较大的工作。如果其应聘的是具有较大压力的职位，是不建议录取的。

4. 身体语言

在面试过程中，面试官要注意求职者的身体语言。一般来讲，当求职者比较紧张时，身体会稍往前倾。而当求职者身体靠在椅背上的时候，表明求职者是比较放松的。根据求职者身体姿态中的这些变化，面试官可以判断求职者的心理状态，并且可以根据考察重点的需要来营造恰当的气氛。

5. 注意求职者回答问题的态度

求职者在回答面试官的问题时，有的热情，有的冷漠，有的迎合……但是无论哪种方式都是求职者心理状态的反映。如果面试官感觉求职者回答问题有不对劲的地方，一定要进行背景调查。因为有不和谐的地方，必有不合理的原因。

面试官在面试之前一定要设计好要提问的问题，因为每个问题都不是随便问的，都有其内在考察内容。同时，面试官还要通过求职者对问题的回答以及回答问题时的一些细节特点，判断出求职者此时此刻的心理变化。在面试过程中，面试官的提问与求职者的回答是一场博弈。只有面试官提的问题好，求职者的回答妙，才是一场成功的面试。

第 7 章
面试是一场心理博弈

面试官要学习一些心理学知识,因为面试也是一场心理博弈。面试官只有了解应聘者的心理特征,看得懂应聘者的身体语言,才能掌握面试的主动权。面试官在掌握应聘者心理特征的基础上,有针对性地对应聘者进行面试考察,才能提高面试的效率,选拔出合适的人才。

第一节 面试官要懂心理学

面试官要具备一定的心理学基础。这对面试官来说，是对付那些频繁跳槽、多次面试的"面霸"的有力武器。这个武器可以帮助面试官打开求职者的过度包装，玩转与求职者的心理较量。只有面试官懂得心理学，才能从一些细微之处了解他们的真实情况。

简单来说，心理学就是研究人的心理现象的一门科学。心理学的研究成果能够帮助面试官在面试的时候真正地了解应聘者，提高招聘的效果，并把合适的人放到合适的位置上。

某国际著名的服装企业在中国市场的销售业绩出现持续下滑。公司总部经过分析之后认为，原因就是负责中国市场销售的销售总监工作不得力，于是公司总部决定更换销售总监。然后，公司人力资源部门的面试官经过初步筛选后，对候选人进行了面试。经过几轮面试，还剩下两个候选人。他们无论是工作经验还是背景都不相上下。那么，到底哪一个候选人更适合这个职位呢？

面试官认为，企业需要的是一位既有市场开拓能力又会激励与管理下属的人，他必须既善于沟通又能出色解决各种问题。面试官在以前招聘高级职位的时候，曾运用过心理学上的行为特征测试，于是就决定也对这两位候选人进行这样的测试。面试官调出了两个候选人的"行为特征分析""人职对比""管理能力审核"等一些对他们进行深度分析的报告。

随后，面试官又对他们设计了一场情景面试，重点考察两个候选人解决问题和激励员工的能力。这次面试后，面试官根据两个候选人在面试中的表现，与行为分析报告进行对比，发现其中一名候选人两项内容风格是一致的。最后，面试官确定了让这名候选人担任销售总监。

一年后，在这名销售总监的带领下，这家企业在中国的销售业绩明显上升，并且他属下的员工也是工作激情高涨、充满信心。

有句名言说"性格决定命运"，一个人的性格会反映到工作中来。上面的这个案例，两名候选人在各方面条件不相上下的时候，通过行为特征测试，最终选拔出了最合适的候选人。现在心理学在面试中的应用越来越广泛，特别是对行为特征的考察，能使企业和个人都能满意地找到自己的目标。通常来说，成功的招聘是双赢的，企业找到了最合适的员工，求职者找到了能发挥自己才能的位置。可见，面试官要进行成功的招聘，心理学在面试中的运用功不可没。

在企业招聘中，最怕做了大量艰苦细致的工作，花费了大量的人力物力，但没能选拔到最适合企业需求的人才。但是，如果合理地运用心理学知识，对正确评价人才和使用人才就会有很大的帮助。因为，在面试过程中，应聘者由于个人需求、求职动机、能力水平、个人修养和性格特征的不同，他们在面试中的行为表现也会有很大差异。例如，有的应聘者有很明确的求职动机、有的则没有；有的应聘者表现干练果断，有的则表现出犹豫不决。这时候面试官就要根据职位的任职要求，与应聘者的心理特征，推理出应聘者未来在工作中的表现，从而对应聘者做出正确的评价。

有一位心理学家说过："成功的销售从心理开始。"这句话说的是销售与心理学之间有密切的联系。现在有很多面试官都说"招聘越来越像营销"，招聘可以说是人与人之间的营销。所以，面试官一定要懂得心理学。

面试就是与人打交道，面试官要想成功招聘到合适的人选，首先必须要了解应聘者的心理。面试的过程也是面试官了解应聘者的行为和心理规律的过程。在这个过程中面试官与应聘者的互动以及应聘者心理的变化，都会影响到招聘的成功与否。所以，要成为一个优秀的面试官，就必须了解心理学在面试中的运用。

通常来说，在面试过程中面试官有自身的优势，会对应聘者在心理上造成一定的影响。面试官要善于运用这种优势，提升招聘的效果。其实，在面试过程中，面试官与应聘者在心理和行为上是一种互动过程。这时，面试官的心理素质与心理活动，都会影响到面试的结果。因此，面试官很有必要提高自己的心理素质，并恰当运用心理学知识，准确掌握应聘者的心理活动，这样才能增加成功招聘的概率，实现双赢的面试效果。

第二节　面试官的九大心理陷阱

面试过程是面试官与应聘者心理较量的一个过程，在面试时面试官与应聘者面对面接触，通过心理互动，彼此相互影响。应聘者在面试现场的言行，都会对面试官的心理活动产生影响，甚至会影响到面试官对应聘者的感觉和价值评价。同时，面试官的一些行为也会影响到应聘者，应聘者为了达到自己的需求，会不自觉地表现出讨好面试官的反应。

因此，有丰富面试经验的应聘者，在与面试官互动的过程中，可能有意识地利用一些行为，来引导面试官堕入面试陷阱。让面试官做出错误的判断。那么，对面试官来说，有哪些心理陷阱需要注意呢？

1. 过分注重应聘者的负面信息

面试官在看应聘者的求职简历时，或者与应聘者面对面交谈之后，会对应聘者负面的信息过分关注，而对正面信息的关注反而会降低。例如，应聘者在解释自己的离职原因时，是因为不喜欢过于内向的主管，现在则是希望找一份更具有挑战性的工作。在听了应聘者的解释之后，面试官就会在心里形成这样一个印象——应聘者在性格上不善于与内向的人合作，而对应聘者追求更大挑战性的工作意愿则选择了忽略。

俗话说"好事不出门，坏事传千里"。不少人都有追逐负面信息的心理，对负面信息印象深刻，并且希望知道得更多。这种心理放在面试上，就会让面试官对应聘者进行评价时出现偏差。

2. 受记忆规律影响

据心理学研究，人们在交谈的时候，对内容的记忆呈现这样一种趋势。人们往往对刚开始交谈的内容记忆深刻，会形成先入为主的首因效应。随后，人们对内容的记忆会逐渐下降。到最后的时候，由于受近因效应的影响，人们对最后事情的印象也会比较深刻。这就造成了人们对事情中间的一部分印象不深。

由于受记忆规律的影响，应聘者在面试的时候，如果开始表现得很好，就会给面试官留下深刻的印象。如果应聘者是采取循序渐进的方式，并且结束时表现又比较平淡，那么即使应聘者中间表现良好，面试官也可能认为表现一般。

3. 固守心中的标准

有的面试官在面试应聘者之前，已经对这个职位上的任职者在心中画了像。在面试的时候，如果应聘者与面试官心中的形象相似，面试官就会在无意识之中对应聘者有好印象，从而造成对应聘者的评价不准确。

4. 在聊天中拉近心理距离

有的面试官在面试应聘者的时候，喜欢与应聘者海阔天空地聊一些与面试无关的内容，这其实是在浪费时间。除非所聊的内容与工作有关，否则就会因谈得太多而使面试内容失去方向。如果遇到有经验的应聘者，他就会把话题向面试官喜欢的方向发展下去，从而拉近与面试官之间的心理距离，谈得投机就会给面试官留下好印象，结果就会影响面试官对应聘者的价值判断。

5. 以貌取人

俗话说"人不可貌相，海水不可斗量"。一个人的能力并不取决于相貌，但是在生活中很多人仍然存在以貌取人的心理。对面试官来说，除非职位对相貌有特殊要求，否则以貌取人就会对应聘者的评价造成偏差，选拔出来的人才并不一定能适合职位的要求。

6. 只听不看

在与应聘者面谈的时候，有的面试官为了加深记忆，喜欢记录下应聘者所谈的内容。有些面试官提问后，在应聘者回答问题时，会认真听并低头做记录，而并不看应聘者。而有经验的应聘者，在面试之前就已经准备好了问题的答案，也许这个时候他不是在回答问题，而是在背答案。然而，在这时应聘者的身体语言会泄露他的真实信息。如果面试官只做记录，而不观察应聘者，在面试结束后，就难以对其做出正确评价。在这种情况下，面试官的正确的做法是，认真观察应聘者的行为，用行为来印证他的实际与所说的内容是否一致。

7. 性别歧视

有的招聘职位有性别要求，这是很正常的。但是，有的面试官在面试应聘者时，除了考虑个人能力、性格、经验等因素外，还会以职位的印象来做判断。例如，有的职位一直是男性来做，面试官就会形成一个印象，认为这样的职位只能由男性来做，这就形成了性别歧视。据心理学研究发现，面试官造成职位性别印象的原因是对职位长期观察的结果。从而在挑选人才的时候，就已经有了先入为主的印象，不符合印象的应聘者自然就会被面试官排除在外。

8. 没有面试标准

有的面试官在面试的时候没有标准，在面试前也没有充分准备，提问也很随意，结果就不可能对应聘者做出公正的评价。这样的面试，既浪费时间，又不可能挑出合适的人选。

9. 面试中改变话题

在面试中，面试官提出的每一个问题都应该是事前精心准备的，不同的问题考察不同的内容。有的面试官在面谈几个应聘者后，可能会改变话题。这样不但打乱了面试的程序，而且对其他应聘者也是不公平的。同时，由于问题不同，对应聘者的评价标准就不同，这样会影响到人才的选拔。

作为一个优秀的面试官要尽量避免上述九个面试心理陷阱的发生，并要善于运用一些心理学知识，提高整个面试的可靠性，为企业的发展选拔出合适的人才。

第三节　面试官也要懂点读心术

在面试中，"读心术"就是面试官读人的技术。也许在很多人看来读心术是一种很玄妙、很神奇的技术。其实，读心术就是观察者通过观察被观察者对无意识的活动所引起的反应，来判断被观察者的心理活动。读心术要求观察者较会察言观色，并且懂得一定的心理学。在面试中，应聘者的面谈内容、身体语言都会暴露出应聘者的真实信息。面试官要想在应聘者的"伪装"下发现这些真实的信息，就需要懂得读心术。

优秀的面试官，不仅需要有深厚的人生阅历和广博的知识积累，还需要具备心理分析能力。应聘者在面试时提供的信息可能是不真实的，因此会造成面试官的误判，使企业聘用到不合适的员工并深受其害。所以，面试官要首先从面谈内容上，通过心理分析，判别信息的真假。

一般来说，应聘者在说谎时，在语言的表述形式上并不容易发现。因为，说谎者是以欺骗为目的的，在说谎之前都是经过充分准备的，都能够自圆其说。那么，作为面试官就要能够辨别出应聘者所描述的内容是不是真实的。然而，由于应聘者所说的内容，都是面试官不能见到的，要辨别真假有一定难度。但是，由于潜意识的作用，说谎者总会不自觉地在语言上留下一些"蛛丝马迹"。面试官只要能抓住这些"破绽"，就能分辨出真实与谎言。要想分辨出谎言，就要抓住谎言在语言表述上的四个特征。

1. 应聘者表达的信息过量

人们在沟通交流的时候，往往会提供适量的信息。如果提供的信息过量，就是一种反常的行为。语言信息过量，是因为说谎者总想把谎言说得圆满，这样反而会弄巧成拙，给谎言留下破绽。例如，当面试官问一个应聘者在上一个公司的月薪是多少的时候，应聘者会说出一个较高的数字，为了让这个数字有可信度，应聘者会解释他拿这么高工资的原因。这反而提供了过量的信息，引起了面试官的注意。面试官如果在提问的时候，再注意应聘者的表情动作，辨别谎言的准确度会更高。

2. 表述内容上回避细节

应聘者在说谎的时候，往往会在表述内容上回避细节。这是因为人在编造谎言的时候，心理一般都比较紧张、有压力，细节在这种情况下是编造不出来的。所以，如果应聘者在说谎，他只能告诉你一个事情的大概，而没有细节。例如，当面试官问应聘者在上个公司与同事的关系相处得怎么样时，应聘者如果回答说相处融洽，大家经常互相帮助。这很可能是在说谎，因为他没有说出细节，也没有说出具体是怎么好。

3. 应聘者回避使用第一人称"我"

人们在述说与自己有关的事情时，通常都会使用第一人称"我"。一般都会说"我怎么样、怎么样"。如果应聘者在述说与自己有关的事情时，避免使用第一人称"我"，就很有可能在说谎。例如，当面试官问一名应聘者是如何得到在一家大公司的实习机会这个问题，应聘者回答说，是在网上看到这家大公司招聘实习生的消息，就投了简历，经过面试后，就幸运地被录取了。那么这个应聘者的实习经历极有可能是编造的，因为他在述说自己经历的时候，没有提到一个"我"字，他是在潜意识中使自己与谎言保持距离。

4. 表述内容不符合常理

应聘者在说这样的谎言的时候，明显存在有违反常理的地方。在分析语言内容的真实性的时候，要把语言环境与社会环境联系起来，社会中的事物都有其发展的规律。如果应聘者述说的内容，与社会上类似事物的普通规律明显不符合，面试官就可以认定这是一个谎言。例如，当面试官询问一个刚大学毕业两年的应聘者的工作经历时,应聘者说自己大学毕业后,就进入了一家大型民营企业,深得老板赏识,从基层做到了厂长助理;老总还许诺让他将来担任副总,他由于自己有了深造的机会,就婉拒了老板的好意。这明显就是谎言。从常理上说,一个刚毕业的大学生,是不可能在很短的时间内就做到副总的。

总之,应聘者在面试的时候说谎,他的表现是表述内容信息过量、表述内容上回避细节、回避使用第一人称"我"、表述内容不合常理等几个方面。

一个面试官,考察应聘者的专业技能可能比较容易,但是要了解一个人个性、品质及内心的真实想法则是一件比较难的事情。一些应聘者为了达到被聘用的目的,会在简历中或面试时说谎;所以,面试官要有辨别谎言的能力。读心术对面试官辨别谎言很有帮助,它能使面试官在应聘者提供的信息中辨别出真假,看透应聘者的内心。

第四节　与优秀人才的心理博弈

2010年4月6日小米科技横空出世,"雷帮主"带领小米公司一路狂奔、野蛮生长,短短几年间,创造了神话一般的奇迹。很多人都在研究小米成功的根本所在,此后小米模式在互联网界引发了热潮。

那么,小米公司成功的根本原因是什么呢?答案是人才,是雷军的用人观。任何事情都是人做出来,离开了人一切都是空谈。做企业也是一样,企业的成功与否,人才是根本。

雷军创立小米公司后,前半年时间主要精力就是花在找人上。用雷军自己的话说"至少花了80%"的时间找人,很幸运的是,在他努力下,找到了7个"大牛"加入了他的团队。这些牛人全是技术背景,平均年均42岁,经验丰富。这些人有"土鳖",有"海龟",土洋结合,理念一致。小米的快速发展,离不开这些牛人。

要知道,雷军为了招聘优秀人才是下了"血本"的,特别是招聘牛人。这些牛人都在大公司有稳定的工作,要说服他们加入刚创立的小米,是很不容易的。雷军为了挖到这些牛人,可以说是不惜一切代价。

小米创立后,需要招聘优秀的硬件工程师,但是很难招。经过多方努力,有一个非常资深的和出色的硬件工程师,被小米请到了公司面试。这位工程师并没有创业的决心,同时对刚创立的小米并没有信心。为了说服这位工程师加入小米,雷军在面试时采用了"车轮战术"。几个之前加入的合伙人，轮番和这位工程师交流，面试过程整整持续了12个小时。最后，这位工程师说："好吧，我已经体力不支了，还是答应你们算了！"

从这个案例中可以看出，雷军在招聘优秀人才时所下的功夫。这位优秀的硬件工程师，本不想加入小米公司，是小米公司"求"着他加入的。那么，在这样的面试过程中，工程师在心理上就处于强势的一方，面试官则处于弱势。如何说服这位在心理上占优势的工程师，面试官和他进行的是一场心理博弈。

在这场心理博弈的过程，处于弱势一方的面试官，采用了轮流的、长时间的说服方法。最后这位工程师虽说是体力不支了，其实是从心理上被战胜了。所以说，面试的过程其实也是一场心理博弈的过程。

一般来说，在面试时面试官处于主导一方，往往有心理优越感。应聘者在面试时，为了得到工作，总想法了解面试官的心理特征，想变被动为主动。这在心理特征上，就是弱势心理的表现。

但是，在面试时也有相反的情况，就是在"挖"优秀人才的时候。特别是刚创立的公司，由于没有名气，很多优秀的人才是不愿加入的。但是，公司的发展又需要优秀的人才，那么如何招聘到优秀的人才，就要看面试官和优势人才的心理博弈水平了。

虽然说面试是一场心理博弈，但是最好的结果是双赢。俗话说"强扭的瓜不甜"，"强迫"也招聘不到优秀的人才。最好是公司能给优秀人才提供发展的平台，优秀人才借着这个平台，在促进公司发展的同时，实现自己的价值。

第五节　面试官的面试心理分析

面试官在面试应聘者时，都想找到了解对方心理的方法，然而要成功进行招聘，面试官也要知道自己面试时的心理。《孙子兵法》上说，"知己知彼，百战不殆"。面试官只有充分了解双方在面试时的心理，才能在招聘的时候收放自如、灵活应对，并提高招聘的质量。

在面试时，由于面试官与应聘者存在的位置差距，双方的心态完全不一样。面试官作为掌握应聘者职业前途的人，有其独特的心理特征，这些心理状态会不自觉地影响招聘的效果。所以，面试官要了解自己可能存在的不良心理，并要有意识地排除。下面根据我多年的面试经验，对面试官的面试心理做一个简要的分析。

1. 优越心理

面试官在面试的时候，不自觉地会存有优越心理。因为应聘者能否被录用，很大程度上取决于面试官，这就造成了应聘者与面试官在地位上的差距。虽然说现在的招聘是双方互选的过程，但是招聘过程中，面试官还是处于主动的一方，而应聘者是处于被动的一方。在这种情况下，双方会下意识地抬高或降低自己的身份地位。面试官会有居高临下的感觉，并会在行为上表现出来。这就给应聘者造成了压力，不利于双方的沟通交流，甚至会引起应聘者的抵触和厌恶情绪。这会阻碍面试官对应聘者真实能力水平的了解，错失优秀人才。因此，面试官面试时要克服优越心理，与应聘者处在平等的位置上交流，这样才能真正考察出应聘者的真实情况。

2. 找错心理

应聘者在面试时，为了达到求职目的，总会有意识地掩饰自己的缺点；但是作为面试官总想找出应聘者不足的地方。这本来是很正常的，面试官就是要通过找出应聘者不足的地方，来了解应聘者的真实情况。然而，找错或找不足并不是目的，而是一种手段。面试官要通过应聘者语言描述的错误，来判断应聘者是不是在说谎，进而了解其本质。但是，面试官在挑应聘者错误的时候自身也容易犯错。

错误之一是只盯着小错误，而看不到问题的本质。例如，有一次我与另一名面试官面试一名销售人员，这名销售人员在与我们交谈的时候，表现很紧张，语言表达不自然。另一名面试官判断说，这名应聘者与人沟通能力还算可以，但是太紧张，说话不利索，看问题也不深入。我虽然也有这样的感觉，但是我想这名应聘者是一个有长时间销售经验的人，他这样的表现有些不合常理。经过我的深入调查，我发现这名应聘者之所以紧张，是因为他说谎了，他的文凭和工作经历都是编造的。有的面试官为找错而找错，从不去挖掘错误背后的原因，这对招聘是不利的。

错误之二是在面试过程中，有的面试官只看缺点，而不看优势。就是说，有的面试官会对应聘者的缺点盯着不放，甚至直接淘汰。其实，这也是不利于人才选拔的。"金无足赤，人无完人"，在面试时就要发掘出应聘者的优点，我们用人用的是他的长处，只有扬长避短才能找到可用的人才。应聘者只要不是道德方面的问题，一般的缺点都是可以容忍的。面试官如果只关注应聘者的缺点，而对其优点视而不见，那么就很难找到合适的人才。

3. 经验主义

面试官在招聘岗位上时间长了，面试的人也多了，自然会积累一些面试经验。在面试应聘者的时候，面试官就喜欢使用这些经验对应聘者做出判断和评价。这些经验虽然有用，但是也不见得是完全正确的。因为，事物是不断变化的，老经验面对新问题也会犯错误。例如，我曾经面试过这样一名应聘者。她刚毕业，拥有硕士学位。她给我的第一印象是不漂亮，可以说是有点丑，但是打扮时髦。她的穿衣打扮、姿态、行走，给我留下了极不好的第一印象。我并不打算认真面试她，看到她坐在了我的对面，我怎么也得应付两句。没想到她一开口说话，完全改变了我之前对她的印象，这是一个相当聪明的女孩子，说话干脆利落、思维敏捷。本来打算应付她一下，结果和她聊了很长时间。她不但谈吐得体，而且专业技术过硬。面试结果，我给她打了高分。我一开始不喜欢她，完全是凭我自己的经验。经过这次面试之后，我深刻认识到经验有时候并不总是对的。

4. 以自己为标准

有些面试官在面试应聘者的时候，总是以自己为标准来衡量应聘者。以自己为标准，也许是人性的一个特点，越是有身份、有地位的人，就越喜欢以自己为标准。这样造成的结果就是，面试官在选拔人才的时候，是以自己的喜好、价值观作为录用标准的。如何避免这种情况呢？我的做法是：

（1）将招聘的职位要求尽量做出具体的标准，尽量细化、量化；

（2）对面试官提出明确要求；

（3）招聘标准、考察方法必须统一；

（4）采取两人共同面试的措施。

5. 以考为主

很多面试官认为面试就是"考"，通过笔试、提问等方法来了解应聘者的能力水平。虽然说"考试"是选拔人才常用的方法，但是这种方法也有不足之处。因为单纯的考试检验不出应聘者的真实技能水平，这些技能需要在具体情况下才能检验；再者，考试也难以识别应聘者的基本素质，因为应聘者只会回答对自己有利的内容。要想真正了解应聘者，需要面试官与应聘者进行交流沟通。特别是在轻松氛围中的交流，会使应聘者放松，让双方能更坦诚地进行沟通，有助于面试官对应聘者深入了解。

以上是对面试官常见面试心理的分析，面试是面试官与应聘者双方心理的较量。面试中，面试官既要懂得对方的心理，也要清楚自己的心理。招聘是双方互相选择的过程，面试官只有把握好自己的心理，又能弄懂对方的心理，才能有效完成招聘任务。

第8章
把握应聘者心理

面试是双方心理博弈的过程,面试官只有把握应聘者的心理,才能在面试中处于主导地位。把握应聘者心理也是了解应聘者真实情况不可缺少的部分,应聘者在面试时的语言信息并不完全是真实的,可能存在很多的虚假成分。但是,人的行为是受心理支配的,是内心情感的外在反映,面试官只有读懂应聘者的心理,才能判断应聘者的真实情况。

第一节　读懂应聘者的身体语言

人的语言会说谎，但是人的身体是诚实的。因为人们在说谎的时候，会下意识地在生理和心理上发生反应，从而引起身体上的一些微妙动作，这些动作能反映出人们的真实心理，也就是人们常说的身体语言。面试官如能读懂应聘者的身体语言，就能更好地了解他们的内心想法。人的身体语言主要表现在表情、手势和姿势、触摸、象征性动作等方面。

1. 表情

表情是人思想感情的外在表现，它反映了人由内心变化而引起的动作、状态和生理的变化。人体语言学的创立者伯德惠斯特尔说："人的脸部可做出大约2.5万种表情，是非语言信息最丰富、最集中的地方。"据有关招聘专家研究显示，在面试过程中，50%以上的信息是从应聘者的面部表情中获得的。表情是人心理变化的外在反映，面试官可以通过应聘者的表情变化来判断应聘者的情绪变化、自信心、思维的敏捷性、性格特点、人际交往能力、诚实性等。从表情了解应聘者主要通过两个方面，一是面部表情，二是眼睛。

（1）面部表情

面部是人体传递情感信息最重要的部分，一般来说，人在说谎的时候面部会发红，或者脸色苍白惨淡。判断人是不是在说谎的另一个关键线索就是微笑，说谎的人微笑是为掩饰自己的内心，并且这种笑不是发自内心的真情实感，被称为假笑。什么是假笑呢？由于假笑缺乏情感，在笑的时候神情不自然，嘴角上扬，一副愉快的病态假象。如果说话的人假笑，并且说话的音调较高，就可以判断此人在说谎。

（2）眼睛

一个人的眼睛转动能反映出一个人的心理活动。例如，在很多情况下，眨眼的频率、眼珠的朝向、视觉方式等等，都反映了内心的活动。一般来说，一个人很少眨眼时说明他正在集中注意力；而一个人眨眼过多时，说明他的思维是停止的。通常人在思考问题时会移动目光，如果在面试的时候，面试官问一个很简单的问题，并不需要应聘者进行思考，应聘者却在移动目光，说明应聘者不想说出真实的信息。如果面试官问一个需要思考才能回答的问题时，应聘者却没有移动目光，说明应聘者已经事先准备好了答案。

2. 手势和姿势

（1）手势

面试官可以通过应聘者双手动作的变化，来推测其想法和情绪。手势能反映出应聘者的情感和心理变化。在面试过程中，如果应聘者的手势比较多，但是随着谈话内容的深入，手势动作却减少了，那么应聘者可能是在说谎了。因为，这时应聘者把注意力放在了语言内容上，手势不是下意识动作而是刻意而为的话，自然手势动作就减少了。

同时，应聘者如果是在说谎，很可能会把双手放进口袋里，因为应聘者会觉得双手的动作会把谎言暴露。当应聘者的谎言被拆穿时，他会表现得紧张，并把手背到身后，这是在掩饰自己的内心状态。或者是双手互相紧握着，握的部位不同表示其紧张程度不同。通常来说，一只手握着另一只手臂的肘部，表示他很紧张。所以，面试官要根据应聘者不同的身体语言，判断应聘者是否说谎，是否紧张。

（2）姿势

姿势分为站姿、走姿、坐姿，姿势的不同也反映出人内心的变化。站姿能反映出一个人性格和对他人的看法，但是，在面试过程中，随着应聘者心理的变化，各种站姿会交替出现，这时面试官要根据现场情况做综合的分析判断。例如，昂首挺胸、双目平视，表示自信、乐观、豁达。双脚平行站立，双手交叉抱于胸前，表示愤怒，有攻击意识。

一个人的思维活动可以通过走姿表现出来，人的走姿是在社会生活中逐渐形成的，和一个人性格特点有很大关系。例如，脚步的快慢反映了作风的干练程度；脚步的大小反映了个性是果断还是谨慎。

坐姿也能反映出一个人的性格和心理。例如，坐姿稳，反映一个人的个性沉稳；身体前倾还是后仰，表现了对对方是尊重还是轻视；双腿是交叉、并拢还是放开，表现出当时的心情是沉着、紧张还是放松。

3. 触摸

触摸行为也是一个人心理的外在反映，面试官可以通过应聘者的触摸行为来了解应聘者的内心状况。

（1）触摸嘴

面试的时候，如果应聘者有触摸嘴的行为，说明他在说谎。因为人在说谎的时候，潜意识中会有一种愧疚和害怕的心理，感觉不自在，就会不由自主地去触摸嘴。说谎者在内心深处是想掩饰自己，不让别人知道自己是在说谎。

（2）摸脖子

人的脖子也能传达出重要的信息，应聘者用手触摸自己脖子，或者去拉衣领，表明应聘者有说谎嫌疑。因为，大脑的消极思维会引起脸部和脖子的肌肉组织发痒，需要用手去搔痒。应聘者在说谎的时候，内心会紧张，脖子部位会发热，会不自觉地去拉衣领。

4. 象征性动作

象征性动作在不同的文化群体中有不同的内涵，皱眉、点头、摇头和扬眉等都是象征性的动作。而这些象征性动作在不同国家和地区也有不同含意。面试官要了解应聘者所在地象征性动作的含意，之所以如此，是因为这些动作在非语言交流的时候，会无意识地反映出应聘者的内心想法。例如，点头一般是表示肯定，而轻微点头，可能表明"否定"。如果应聘者对面试官说他对这个问题很感兴趣，但是他却把双手交叉抱在胸前，并缩回身子，这表明应聘者刚才表示的感兴趣是在说谎。

在身体语言方面，德国的菲德勒和沃尔卡经过研究，归纳出三种通过身体语言判别谎言的线索。一是假装微笑；二是缺少头部动作；三是自适应性动作频率增加，例如摸鼻子、紧握双手、搔头等。对面试官来说，通过应聘者身体的变化，读懂其身体语言，辨别应聘者是不是在说谎，能为最后的聘用决策提供帮助。

身体语言所表达的往往就是一个人内心的真实情感，它是下意识的、不自觉的行为，恰恰这些行为与人的心理活动最为紧密，虚假成分也最少。身体语言也是一个人在长期生活中逐步形成的，不同心理素质的人，其身体语言的表现形式是不同的，这就为面试官提供了一个判断和评价应聘者真实状况的一个依据。

第二节　面试官如何看透人心？

俗话说"人心隔肚皮"，意思是说了解一个人的内心是很难的。然而，对面试官来说，深入了解应聘者的内心却是面试过程中一项重要的内容，也是招聘到合适人才的关键。对于如何看透人心，面试官除了运用一些面试工具和方法外，在阅人无数之后，都会总结出属于自己的经验和方法。

那么，面试官是如何看透应聘者内心的？根据我的经验，面试官在看人的时候要注意小动作和语言。

1. 小动作

小动作发生在细微之处，是一种习惯性的、无意识的动作。通过应聘者的小动作来洞察其内心，也是面试官需要掌握的一项能力。那么，应聘者会表现出哪些小动作，并反映出什么样的心理特征呢？

（1）边说话边拽衣角

应聘者在面试的时候，可能由于紧张或不适应，会无意识地拽衣角或摆弄纽扣，这表现出应聘者心理紧张焦虑。

（2）跷二郎腿或两手交叉于胸前

如果应聘者不停地轮换交叉双腿，是一种不耐烦的表现；一直跷着二郎腿，是应聘者个人修养有问题；把双手交叉放在胸前，表示应聘者拒绝或否决的心理。

（3）拨弄头发

应聘者频繁地用手去拂拭额前的头发，则表现出应聘者有些敏感和神经质，这也会给面试官留下不被尊重的印象。

一些小动作是在无意识之中做出来的，而这些小动作却反映出应聘者当时的内心活动。虽然说现在很多应聘者经过培训，或者有丰富的面试经验，他们会有意识地避免做出些小动作。但是，小动作作为一个重要的观察项目，面试官要想法通过转移应聘者的注意力，让他们在无防备的情况下做出小动作，来洞察他们真实的内心变化。

有一次我在面试一个应聘者时，当时他比较紧张，在与我进行沟通交流的时候明显感觉放不开。这时候，我不知道他是故意制造的紧张，还是真的紧张。于是，我就采用了一个办法，就是与他海阔天空地聊天，让他放松下来。在与他聊天的过程中，我有意说些他感兴趣的话题。聊着聊着，他就不那么紧张了，并把双手放在了桌子上，偶尔还会用手指碰碰桌面。聊到后来，他的小动作就多了起来，像摸鼻子、挠脖子等等，坐姿也不紧张了，完全放松了下来。我一边和他聊天，一边观察他的这些小动作，通过分析，我认为这个人还是有自信心和责任心的。

一个人在紧张的情况下，注意力会很集中，平时的一些动作在这时都不会做。只有在其放松的情况下，内心没有了防备，一些小动作才会无意识地做出来。面试官要想通过观察应聘者的小动作来了解其内心，就要想法让应聘者放松警惕。

2. 语言

常言道"言为心声"，言语是一个人内心思想和情感的反映。在面试时，面试官通过与应聘者交谈，聆听应聘者的言语表达，就能判断出他的内心状况和能力水平。面试官要从以下几个方面注意应聘者的言语表达。

（1）说话精练流利，富有穿透性，围绕主题来阐述。这表明应聘者有出色的语言组织能力、逻辑思维能力，并且思维敏捷。

（2）说话自然平和、条理清晰，回答问题贴切、无漏洞。这表明应聘者思维清晰，基础扎实，有丰富的经验。

（3）说话时有肢体语言配合，语言有节奏，声调大小适中。这表明应聘者有很强的自我调控能力和现场控制能力。

（4）说话时总是套用一些专业术语，有时重复套用回答问题。这表明应聘者没有自主性，死守陈规，做事呆板，缺乏创新。

（5）说话时滔滔不绝，口无遮拦，抢话头，并抨击对方。这表明应聘者个人修养较差，爱出风头，并且性格傲慢目中无人。

面试官在观察应聘者说话的时候，也要注意其语调和语速。应聘者一直保持的语调和语速反映其性格和面试时的基本状态，但是应聘者语调和语速的突然变化，就反映出了其心理的变化。例如，有的应聘者语速突然变快可能是在说谎，而有的应聘者通过放慢说话的速度来掩饰一些东西。所以，面试官在应聘者语调和语速突然发生变化时，要多留意，分析其变化的原因，进而洞悉其心理的变化。

面试官通过应聘者的语言表达、表情变化、小动作等等方面，来判断应聘者真实的内心状况，对招聘是有很大的帮助的。

第三节　掌握应届毕业生心理

校园招聘成了这几年很多企业选拔人才的一个重要渠道，并且各家企业都加大了校园招聘工作的投入力度。但是，如何在应届毕业生中选拔出优秀的大学生，却让不少面试官感到困惑。不少面试官都认为，现在的大学生都很聪明，就是有些浮躁，对自己的定位不准确。有些大学生看似各方面条件都合适，但是招聘到单位后，没几个月就离职，也给企业造成了一些麻烦。

我也遇到过这样的情况。我曾招聘过一名大学生，这名大学生在校时成绩优秀，还是班长。可是，他到企业后三个月，就向我提出离职。在他向我提出离职申请的时候，我们在一起聊了聊。

他觉得销售工作不适合他。我就问他为什么，他没有回答，我看得出来他说不适合只是个借口。我又问他，为什么当时招聘你来的时候，你信心满满地说热爱具有挑战性的工作，并且愿意在一线表现自己的能力？他回答说，当时他只是想进入企业找到一份工作，其实觉得企业策划类的工作更适合自己。如果我愿意用他，就让他干自己喜欢的工作，要不就只有离开了。

听了他的回答，我不置可否，又接着问他一个问题："你刚在一个岗位上还没有证明什么，怎么就能肯定你在下一个岗位会成功呢？"我对他说："在三个多月的时间里，你就认为工作适合不适合你，就想着要转岗跳槽，这是对你自己的不负责任。"他听了我的话，沉默了一会，犹犹豫豫地说，他在学校的时候是班长，各方面表现都不错，现在班里原来不如他的同学都超过了他，他内心里接受不了这个现实。

听了他的话，我对他说："出了校门就是新的开始，不要停留在过去的辉煌上，你这种心态如果不改变，什么工作都做不好。每一项工作都需要积淀。如果你不停地换工作，永远都只是新的开始。"

后来，由于我没有答应他的换岗要求，他还是辞职离开了。

我做招聘工作这么多年来，也接触到很多应届毕业生，像他这种心态的人有很多。我一开始都会对他们报以充分的信心，但是结果往往使我深受打击。在应届毕业生中，肯定也有很出色的，也有愿意了解企业并从基层做起的人。

面试官在面试应届生的时候，一定要注意在他们身上可能存在着不正确的心态，一定要了解他们那种期望速成、渴望立刻被认同的心理。除此以外，应届毕业生中还存在有哪些心理现象呢？

1. 心理误区多

现在社会竞争越来越激烈，一些应届毕业生很容易产生心理误区。其中一个典型的心理误区就是攀比思想严重，想找工作轻松、工资又高的工作，不想去做一些技术含量不高的基层工作。并且还会和曾经的同学攀比，同学是白领、金领，而自己只是一般员工；同学的工资是八千、一万，而自己的工资是三千、五千……这样一比就会觉得没面子，在心理上产生压力，甚至会产生焦虑、失落、恐惧等情绪，这也是很多刚入职不久大学生离职的原因。

2. 心理冲突增多

有的应届毕业生存在有心理冲突。他们在校时成绩优异，并且有远大的目标和理想，但是在面对现实的时候又缺乏信心；他们想做出一番事业，但是又缺乏艰苦创业的心理准备；他们渴望公平竞争，但是又希望自己能被照顾。这些矛盾的心理，会导致大学生焦虑迷茫，也影响了他们对职业的选择。

3. 就业定位不准

由于高考等方面的原因，有超过三分之一的大学生不喜欢自己所学的专业，所以也很难把所学的专业学好。这就导致了应届毕业生专业不对口，职业知识和技能相对不足的情况，影响了他们对职业的选择。而且在求职的时候，他们见异思迁、朝秦暮楚，对职业目标没有一个长远的规划。

4. 自我认识不足

由于年龄、文化、意识的特殊性，使应届毕业生形成了独特的心理结构和人格。很多大学生认为自己读了几年大学，无论是自己还是家人都付出了很多。特别是一些在学习期间成绩优异的，往往对自己评估过高，总希望能尽快找到实现自我的舞台。他们不想从基层做起，不愿做基础的工作，总想混得比其他同学好。但是，理想很丰满、现实很骨感，面对现实他们往往大失所望。最后，导致他们缺乏自信、怨天尤人、不安于现有工作。

5. 心理准备不充分

一些应届毕业生在找工作时疲于奔命，然而却屡屡受挫，经受着一次次打击。他们在找不到合适的工作后，只要有企业接受自己，虽然对企业并不满意，还是勉强去上班。这样就会导致他们在工作中积极性不高，工作成绩平平，甚至会出现差错而受到领导的批评，以致对职业失望，最终也会因为不适应工作而辞职。很多企业就是因为应届毕业生经常发生这样的情况，而招聘的时候就会把应届生排除在外。因为，面试官会认为应届生不稳定，工作不踏实。

由于社会竞争的激烈，应届大学生有其独特的心理。特别是有些大学生在不正确的心态下，对职业没有方向，入职后不能脚踏实地。这都给面试官的招聘工作带来了干扰，对企业的发展也不利。所以，作为面试官，掌握应届毕业生的心理状况是很有必要的。

第四节　巧妙地向应聘成功者暗示

应聘者在求职的时候，会向很多公司投递简历，然后穿梭于各大公司参加面试。对于面试能否成功，他们往往不得而知。对于面试结果，很多求职者都感觉很彷徨。

面试的目的就是招聘到合适的人才。对面试官来说，如果应聘者各方面条件都比较合适，符合公司的用人要求，在公司没有确定要聘用哪一个应聘者的时候，面试官可以先向应聘者做面试成功的暗示。这样做的好处，一是让应聘者心安，知道自己有希望；二是不错失人才。当应聘者不知道自己是否面试成功时，他会参加多家公司的面试。如果别的公司表示可以录用他，那么当你回头再想录用他的时候，可能他就在别的公司上班了。巧妙地向应聘成功者做一下暗示，就是给他吃一颗定心丸。

有的应聘者对自己过分自信，而心理又过度脆弱。他很向往某个公司的职位，并且感觉自身的条件完全符合要求，对面试成功充满自信，对招聘的职位是志在必得。但是，一旦面试结果出乎他的意料之外，他就会经受不住打击而做出极端行为。

日本有一个青年，毕业于名牌大学，专业技术也过硬。他到一家他向往很久的公司去应聘，并且在面试时表现出色，他认为自己被录用是板上钉钉的事。面试完后，就回家等着公司的录用通知。

董事长此前知道这个青年，认为他是一个人才。当公司聘用的人员将名单报到公司董事长那里后，董事长没有看到这个青年的名字，就把人力资源部负责人叫过来，问怎么回事。人力资源部负责人询问后得知，是由于面试人员的疏忽没有给这个青年下发录用通知。董事长让马上给这个青年下发通知。

很快人力资源部给董事长反馈消息说，由于这个青年没有接到被录用通知，受不了打击，在前一天跳楼自杀了。董事长很为这个青年感到可惜，不过董事长也认为，一个人连这点打击都经受不了，将来怎么能担任公司的重任呢。董事长在惋惜之余，也庆幸公司没有聘用他。

发生这样的情况，主要是与求职者个人的心理素质有关。面试官担负着为企业挑选人才的重任，为了不错失人才，面试官巧妙地向应聘成功者做一个暗示，是很有必要的，这样也能提高招聘的效果。那么，面试官如何向应聘成功者传递信号呢？

1. 向应聘者跟进提问

一般来说，面试官对于不符合要求的应聘者，在问完问题后就不接着问了，或者只是问一些清单上列出的问题。如果面试官对应聘者感兴趣，就想多了解他，会通过跟进问题对他进行挖掘。当面试官对一个应聘者感觉满意时，可以持续跟进提问，这就是对应聘者传递的一个重要信号，说明面试官对他满意，想多了解他。

2. 向应聘者推销公司或职位

当应聘者的条件符合公司职位的要求，面试官很想聘用他的时候，可以向他推销公司，或者所招聘的职位。这要花时间和他谈公司的优势和职位的前景，还要努力地介绍公司吸引应聘者的地方或者企业文化。面试官向应聘者谈这些内容，都是在向应聘者传递将要被录用的信息。对于不符合条件的应聘者，就没有必要和他谈这么多了。

3. 认真回答应聘者的问题

面试官在面试快要结束的时候，一般都会问应聘者有什么问题需要提问。如果面试官这个时候对应聘者感兴趣，就会花时间深入回答他的问题，还要问他们回答是否让他们满意，并且鼓励他们不要保留任何想法，有什么问题可以随便问。如果面试官对应聘者不感兴趣，只需要简单回答就行。

4. 面试超时

对面试官来说，可能会在一个时间段面试很多人，对应聘者的面试时间是有限的。很多面试官的做法就是，对不感兴趣的应聘者会适时结束面试，因为面试的工作量很大，是不会在这个上面浪费时间的。如果遇到比较合适的应聘者，面试官为了对他进行更多的了解，面试时间就会超时。

5. 向应聘者介绍未来的同事

面试官如果决定录用某个应聘者，在面试结束的时候，可以带他参观一下公司，并把他介绍给未来的同事们。当然，一个面试官不想录用某个应聘者时是不会这么做的。

6. 握手暗示

握手也有一定的学问，因为人们之间的握手并非是平等的。例如，无力的短时间的握手，是告别的意思。而紧握则表示是很快再见面的意思。所以，面试官在应聘者离开的时候，可以通过握手向他传递面试成功的信息。

求职者每次面试后，都想知道自己是不是成功了。在面试的时候，面试官向他们巧妙暗示一下，不但可以让他们心中有数，而且能增加他们对公司的好感。在人才竞争时代，对于发现的人才，面试官就不要轻易错过，巧妙地向他们暗示面试成功，也就防止了人才加入别的公司，特别是竞争对手的公司。

Part 3
面试结束——入职与试用

新员工入职之后,并不是招聘的结束,而是考察其真实能力水平的开始。一般来说,新员工入职之后,都会有一个试用期。在试用期内,是新员工认识新同事、熟悉公司的工作环境、参加培训的时期,并要在这一段时间内得到上司的认可。面试官在新员工入职之后,要继续对其进行考察,看其能力素质是否与公司职位相匹配。对于不相匹配的员工,试用期过后甚至试用期内就要予以淘汰;对于符合公司要求的员工,就要与员工一起办理录用手续以及签订劳动合同等。

第 9 章
对人才信息的确认

在面试结束之后，可能符合公司职位要求的候选人有几名，面试官要做的就是对人才信息进行确认，调查信息的真实性、调查候选人的背景，并对候选人进行价值评估，从他们之中选拔出最合适的人。

第一节　精准筛选人才

如今企业之间的竞争越来越激烈，这种竞争其实就是人才的竞争。人才是企业发展的关键，很多企业对人才招聘都非常重视，希望选拔出企业真正需要，并且能够促进企业发展的人才。有的企业为了找到合适的人才，甚至不惜花费大量的金钱与猎头合作。

人才对企业的发展如此重要，所以企业在选拔人才的时候一定慎之又慎。选对人对企业的发展是帮助；选错人则会给企业带来危害，甚至灾难。对人才的选拔是面试官的一项重任，现在对人才的选拔虽然有很多工具与方法，但是基本上还是遵循简历筛选、笔试、面试的程序。但是经历了这几道程序，也不能保证所选的人就是企业真正需要的人才。

因为一些面试者存在诚信问题，他们给面试官提供虚假的信息。由于面试官面试应聘者的时间很有限，要想在这么短的时间内认清应聘者是不是真正的人才是很难的。对于有丰富面试经验的应聘者，他们很会伪装自己。他们不但拥有面试的技巧和方法，而且有丰富的心理学知识，他们能猜测面试官的心理活动，做出让面试官满意的行为。所以，有时候面试官也会"看走眼"，留下了没有真本事的人，而错失了真正有本事的人。

有一次，一家民营企业老板找到我，让我帮一个忙。他们公司缺一个销售总监。经过多方努力，最后通过猎头公司找到了一个候选人。这个候选人，声称自己在一家上市公司当过销售副总，后来又在一家销售公司担任销售总监,具有丰富的销售经验。但是,这家民营企业的老板还是有点不放心,于是让我帮助把把关。

我与这位候选人约见,谈了一次。这次面谈之后,我告诉这位企业老板,这个候选人不靠谱,提醒他注意。这个老板就问怎么不靠谱,我就把这次面谈的情况向他说了一下。这个候选人,个人修养差、说话粗鲁,并且对一些专业知识只知道个皮毛,与他说的在上市公司干过销售副总的身份不匹配。这是他给我的感觉,但是对他真实的信息,我还不是很了解。我对这位老板说,我们再了解一下他之前的工作经历。

经过我的调查,此人虽然在上市公司干过,但是一直干的是销售。后来,换岗到生产部副经理,但是干了不到半年,就被公司辞退了。他又到了一家销售公司,干的是销售副总,但是时间不长,由于不胜任工作,又被公司辞退了。并且此人品德也有问题,被公司辞退后,就到处说公司的坏话。

我又把这些情况告诉了这个老板,这个老板决定不聘用他,请求我帮助物色一个人选。后来,经过我的努力,最终给他找到了一个合适的人。

从这件事可以看出,精准地筛选人才是很难的。应聘者的简历、工作经历都可能是编造的,面试官稍不注意就可能被蒙骗。特别是对一些重要的职位,面试官一定要想法了解应聘者的真实信息,精准筛选人才。

精准筛选人才,不能只看应聘者在简历上怎么写,面试时怎么说,还要通过别的渠道了解应聘者没有写出来、没有说出来的信息。而这些信息对人才的评价可能更有帮助,因为人喜欢把自己优秀的一面展示出来,而应聘者不愿让面试官知道的背后的信息,才是全面认识一个人不可缺少的环节。那么,面试官如何精准筛选人才呢?

1. 制定标准的筛选程序

在招聘之前,根据招聘职位制定出标准化的筛选程序,让每一个应聘者都经过相同的筛选程序。这种做法不但对所有应聘者是公平的,而且对应聘者也有相同的评价标准。在相同的筛选程序下，也容易比较人才的优劣。

2. 了解应聘者胜任工作的足够信息

对应聘者真实信息的了解最难，因为信息编造的可能性很大。所以，对面试官来说，了解应聘者信息要从多渠道进行，尽量不遗漏重要的信息。同时，面试官还要能够辨别应聘者提供信息的真假，做到去伪存真。

3. 了解应聘者的背景

了解应聘者的背景，就要对应聘者做背景调查，背景调查涉及多方面的内容，在下一节将做详细的阐述。但是，有一点要注意，就是背景调查时也不能偏听偏信，要多渠道地去了解信息，然后相互对照，留下真实的信息。

4. 多人决策

对于重要岗位的聘用人选，不能一个人说了算。要集体商议，对候选人做出正确的评价，再决定聘用与否。

面试是选拔人才最直接有效的方法。面试官选拔的人才，胜任岗位要求，就能为企业充实新生的力量，促进企业的发展。并且，选拔的人才在职位上表现良好，也能减少企业员工的流动，不但有利于团队的稳定，而且节约了招聘与培训的费用，更重要的是，能让企业的人力资源部门把精力用在更重要的工作上，而不是整天想着管理不称职的员工或者为企业再招聘员工。所以，对面试官来说，精准筛选人才是十分有必要的。

第二节　人才背景调查

如今的面试官都不会单纯地凭借求职者的简历和面试表现来匆忙定义这个应聘者的好坏。很多公司为了招聘到货真价实的人才，在正式录用之前，会开展对所招聘人才的背景调查，就是对有意向录用的应聘者的学历、工作经历、人品等背景资料进行调查。

对人才背景调查也是企业不得已而为之的方法，因为一些企业由于职位空缺，急需招聘人才；而人才市场上又鱼龙混杂，一些应聘者能忽悠欺骗，让企业蒙受了损失。所以，企业在招聘人才时也越来越谨慎。对所招聘人才进行背景调查，也是为了减少招聘风险，避免企业遭受损失。

有一家广告公司，由于业务发展的需要，在外地又开了一家分公司。随着公司业务的扩大，公司老总准备招聘一名市场总监。经过多方寻求，这名老总找到了一个让他满意的人选。此人入职后，刚开始半年在工作上表现还比较出色，公司的老总也很满意。但是，半年多以后，此人向公司老总提出辞职。公司老总虽然极力挽留，但他还是毅然决然地走了。此人离职后不久，公司老总发现有几家重要的客户流失了。后来，经过调查了解，这个老总才知道，原来是此人离职后把客户带走了。他离职的原因是另外一家公司把他高薪挖走了，他因此把客户也带走了。又经过进一步了解知道，此人简历、工作经历造假。这个老总很后悔当初由于急于招聘人才，没有对此人进行背景调查，使公司蒙受了损失。

像这样对招聘的人才不做背景调查，而使公司遭受损失的例子有很多。据媒体报道，有一家企业在招聘某人做财务总监时，其没有对其做背景调查。结果，此人在一年时间内，利用手中的权力，将公司几百万元资金据为己有。事情败露时，此人已经逃到了境外。

以上这两个案例，都是因为在招聘人才时，没有对应聘员工进行最基本的调查，而使企业蒙受了损失。因此，企业在招聘关键职位时，对应聘者进行背景调查是十分必要的。背景调查就是调查准备聘用的员工学历、能力、以往的工作经历及工作职位等，背景调查一般是在基本确定候选人后，在其入职签订劳动合同之前进行。

对应聘员工进行背景调查其实很正常，是通过符合法律法规的途径和方法，调查应聘员工的背景资料和相关信息，为企业招聘人才提供参考。虽然说对应聘员工进行背景调查要花费一定的人力、物力，但这是一项值得去做的工作。它能防患于未然，避免公司在未来受到损害，而且能把真正的人才挑选出来。

但是，并不是说对所有招聘的员工都必须进行背景调查，这既没必要，又浪费人力、物力。然而，对一些职位是必须要做背景调查的。例如，关键性的职位，像技术骨干、销售人员、财务人员等，必须要调查他们的背景。因为他们一旦造成技术泄露，或者拉走客户，就会对公司造成损失。

公司的高层管理人员，职务越高，责任越大，如果对他们选拔不准的话，就可能会给公司造成重大损失。那么，如何对这些应聘员工进行背景调查呢？这主要有三种方法。

1. 把《应聘人员登记表》与《个人简历》中的信息进行对比。

因为应聘者的简历都是精心准备的，有的甚至是请人代写的，里面的水分很大。所以，在应聘者面试时，让其填写《应聘人员登记表》，因为有的简历内容是虚假的，应聘者也不可能完全记住里面的信息。面试官把《应聘人员登记表》中的内容与《个人简历》中的内容对比后，就可以发现应聘者提供的信息有没有造假。

2. 学历调查

学历调查可以通过全国高等学校学生信息咨询与就业指导中心主办的中国高等教育信息网进行查询。这种方法既简单又快捷，可以很快查到应聘者的学历是否造假。

3. 问询应聘者以往工作过的单位

这是核实应聘者工作经历的重要途径，能清楚地了解到应聘者工作经历的真实性，以及工作能力、个人品德等。

以上是对应聘者进行背景调查的常用方法。那么，背景调查要注意哪些事项呢？以下五项内容可作为参考。

1. 背景调查要多渠道进行

背景调查的时候，要多渠道、多途径进行，因为不同的渠道和途径得到的信息可能是不同的。为了避免造成面试官偏听偏信，通过多渠道调查也会使信息具有客观性。所以，在做背景调查的时候，可以调查应聘者曾经的同事、工作过的单位以及与应聘者有过业务来往的企业。这样调查得到的信息会更全面、更准确。

2. 调查要全面、认真

背景调查是一项很严肃的事情，切不可麻痹大意。要调查就要彻底调查清楚，不能虎头蛇尾、草草了事。所以，在做背景调查前，要有调查计划、调查内容、调查方法。总之，调查一定要全面、认真，以调查出真实的情况。

3. 要征得被调查人的同意

征得被调查人的同意，以免造成侵犯隐私权而引起误解，这也是对应聘者的尊重。所以，背景调查前要告知被调查人，如果被调查人心中无鬼，就会坦坦荡荡，不会提出异议。

4. 不要对在职的应聘者马上做背景调查

在职的应聘者，在应聘成功前，是不希望自己跳槽的事被同事知道的，特别是不希望被正在上班的公司知道。如果这时对应聘者进行背景调查，就有可能给应聘者带来一些麻烦。对这样的应聘者，可以在其入职之后，再进行背景调查。

5. 要掌握调查的技巧

对应聘者进行背景调查要掌握灵活的方法，对一些普通的职位就没必要做背景调查。背景调查一般是针对重要职位的，调查的方法可以多样化。例如，采用调查问卷、打电话、上门拜访、找第三方调查等。

当前，我国的人才市场还不够规范，应聘者在学历、工作经历上造假的情况还很严重。企业为防患于未然，对应聘者进行背景调查是企业招聘工作的一项重要内容。其实，企业对应聘者进行背景调查，也利于规范人才市场，对那些无视职业道德的职场造假人士，会起到震慑作用。同时，对个人诚信和提高员工职业化也有一定的促进作用。

第三节　招聘效果的评估意义

对面试官来说，招聘完成以后并不意味着整个招聘工作的结束，还有一项重要的工作，那就是对招聘效果的评估。招聘效果评估是对招聘成效的检验，也是对招聘工作的总结和分析，为将来改进招聘工作的质量和提高招聘效果奠定基础。如果缺乏对招聘效果的评估，将会影响到企业的招聘效率，甚至造成招聘的失败。

有一家企业准备为生产部门招聘一名处理人事的主管，主要工作是与人力资源部协调工作。为此，人力资源部门制定了两个招聘方案，第一个方案是从专业的渠道招聘，第二个方案是在大众中发布招聘信息。人力资源部门的总经理认为，在大众中发布招聘信息也是对企业的宣传，所以就选中了第二个方案。

招聘信息发布以后，人力资源部收到了上千份简历，经过初步筛选，面试官选出了100份有效简历。随后面试官又经过第二轮筛选，最终留下了6个人。面试官对这6个人进行了面试，确定了两名候选人——王刚和刘勇。面试官将他们的资料和面试情况对比后，发现两个人的基本资料相当。但是，刘勇缺乏前任上司对他的评价，而王刚则有前上司的良好评价。

人力资源部没有当时确定聘用谁，让他们回去等通知。王刚回去后，在家静等消息；而刘勇则两次打电话给面试官，一是表示感谢，二是希望自己能得到这份工作。面试官与生产部门的经理进行了沟通，生产部经理认为刘勇虽然有点圆滑，但是他认为在以后的工作中容易与他相处，于是就决定录用刘勇。

刘勇入职半年后，主管部门发现刘勇并不适合，而刘勇也有怨言，认为公司的环境与招聘信息描述不相符，薪酬待遇也有所减少，最终刘勇选择了离职。对面试官来说，这是一次失败的招聘。失败的原因是什么呢？那就是招聘工作完成之后，没有对整个招聘工作进行招聘效果评估。

这家企业的招聘，在员工录用之后，看似招聘工作完成了，结果却是失败的。失败的主要原因就是人力资源部门在招聘过程中出现了错误。首先在招聘渠道选择上，向大众招聘就意味着求职者数量众多，势必会增加招聘成本，并给人力资源部的工作带来一定的困难。因为大量不适合的求职者前来应聘，也会给面试工作带来麻烦。再加上对人才选拔不科学，在招聘结束后又不做招聘效果评估的情况下，招聘工作的失败是难免的。

企业在招聘人才时，最重要的是要考虑招聘效益，其中包括聘用员工的数量与质量，面试官的工作能力、方法和招聘效率，同时还要考虑面试官招聘方法的信度和效度。对招聘效果的评估的作用主要有三个方面。

1. 对招聘费用的评估

对此次招聘的费用进行核算，可以清楚知道各个项目的费用支出情况。对哪些项目需要支出、哪些项目不应支出要做到心中有数，为下次招聘节约费用。

2. 对聘用员工数量的评估

这是评估招聘工作的一个重要方面。把聘用员工的数量与计划招聘员工的数量进行对比，找出招聘工作的薄弱环节，对下次招聘工作进行改进。

3. 对聘用员工的质量评估

这是对员工的工作能力、绩效、潜力等的评估。进行员工的质量评估对招聘方法的改进和对员工的培训也会提供重要的信息。

除了以上三项评估内容外，还有信度评估和效度评估。这是对在招聘过程中所使用的方法正确性与有效性进行的检验，有利于提高招聘工作的质量。在信度和效度达到一定水平的时候，才能作为聘用员工的依据。否则这将会给面试官带来误导，影响决策的效果。那么，什么是信度评估和效度评估呢？

1. **信度评估**

信度评估与测试结果有关，它必须要保持测试结果的可靠性或一致性，就是每次测试的结论必须是相同的，无论是正确或错误。但是，这种办法不适用于受熟练程度影响大的测试，因为被测试者可能会记住某些题目的答案，而使两次测试成绩不一致。

2. **效度评估**

效度就是指有效性或精确性。效度评估要测试到应聘者的有关特征与面试官想要测试的特征相符合。效度测试有一个特点，就是能测出它想要的功能才合格。效度评估有三种：预测效度、内容效度、同侧效度。

（1）预测效度就是测试应聘者的未来行为。面试官在选拔人才的时候，这种方法是检验招聘方法是否有效的一个指标。面试官可以把应聘者在面试中测试得到的分数与其被聘用后的绩效分数对比，两者的相关性越大，说明方法越有效。这也为员工的潜力评估提供了依据。

（2）内容效度是面试官能真正测出想测的内容程度。在应用这种方法时要考虑是否与想测试的职位特性相关。这种测试方法主要用于知识和实际操作测试，对能力和潜力测试不适用。

（3）同侧效度就是对员工的工作进行测试，然后与实际工作绩效相比较，如果两者的相关性很大，说明测试效果好。这种测试方法的优点是节约时间，但是不适用于人才的选拔测试。因为没有经验的人可能测试的成绩不高，从而影响面试官对人才的评价。

招聘效果评估是对招聘过程的反馈，有利于提高未来的招聘效率。招聘效果评估的意义主要有两种：一是有利于企业节约招聘成本，二是对招聘工作的检验，能找出不足、加以完善，为下次招聘提供经验。所以，面试官要十分重视对招聘效果的评估，这有利于工作经验的积累，有助于为企业招聘到合格的人才，而且有利于提高自身的招聘技能。

第四节　招聘效果的评估诀窍

招聘效果的评估是招聘过程的一个重要环节。它能对招聘工作是否有效、招聘质量的好坏做出评价，对改进今后的招聘工作、提高企业的经营效果也具有重要的意义。其实，招聘效果的评估就是对招聘的有效性进行总结。然而，有的面试官只关注招聘员工的数量、招聘所花费的时间和成本，而对招聘的有效性关注不够。

但是，招聘员工的有效性直接决定了员工的质量和企业的绩效。如何对招聘效果进行评估呢？一般来说，主要是对招聘结果、招聘成本、招聘方法的评估。具体地说主要是评估招聘数量、招聘质量、招聘时间三个方面。

1. 招聘数量评估

招聘数量评估是看招聘了多少员工，是否达到预期招聘人数，这是检验招聘工作的一个重要方面。无论员工招聘达到要求与否，通过分析后，总结经验教训，都有助于对今后的招聘工作进行改进。

同时，通过聘用员工数量与计划招聘数量的比较，也能为企业人力资源工作的调整提供依据。对招聘数量的评估主要有应聘比、录用比和招聘完成比三个方面。

应聘比公式是：应聘人数/计划招聘人数×100%。通常来说，应聘比越大，说明参与应聘的人数越多，反映了招聘信息、招聘渠道的效果好，也说明了可供选拔的人员多，录取员工的素质会比较高。

录用比公式是：录用人数/应聘人数×100%。这个数值越小，反映录用的员工的素质越高。反之，则可能说明录用员工的素质不高。

招聘完成比公式是：录用人数/计划招聘人数×100%。这个公式得到的数值说明了招聘完成的情况。如果等于或大于100%，说明招聘任务全面或者超额完成了。一般情况下，超额完成招聘数量的情况很少出现，除非是遇到了很优秀的应聘者，将其作为人才储备录用。

2. 招聘质量评估

招聘质量评估是评估所招聘的员工是否合格、能否达到职位的任职要求。对招聘质量的评估，有利于改进将来对员工的招聘方法，同时，为入职员工的培训、绩效考核提供了依据。其实，这也是对新入职员工的能力素质考察，考察的方法可以用绩效考核的方法进行。通常用以下两个指标来衡量评估结果：一是录用合格比，二是基础比。

录用合格比的公式是：录用人员胜任工作人数/实际录用人数。得出的数值反映了此次招聘的有效性，数值的大小反映了录用程度的正确与否。

基础比的公式是：原有人员胜任工作人数/原有总人数。得出的数值反映了以前招聘的有效性绝对指标。录用合格比与基础比的差则反映了此次招聘与以前招聘的有效性相比是高还是低。

对员工能力素质的评估多长时间为宜，目前还没有统一的标准。这与岗位的性质和员工的个性特点有关系。例如，生产操作性和事务性的工作，绩效考核可以在短时间内完成。但是对于管理和技术类的岗位，需要较长时间才能看出一个人的能力水平。在个性上来说，有的员工可能个性谨慎，适应岗位的时间要长一些，而有的员工则不需要那么长时间。在国外一般考核员工的时间最短为6个月，而《劳动合同法》中规定试用期最长为6个月。所以，面试官可以6个月为期限考察员工是否合格。如果这6个月离职的员工以及不合格的员工比例较高，那么就说明这次招聘质量不合格。

3. 招聘时间评估

招聘时间评估就是对完成招聘任务时间长短的评估。招聘时间也就是从决定招聘新员工到新员工正式上岗之间的时间。通常来说，之间相隔的时间越短，说明招聘效果越好。但是，由于受内部和外部原因的限制，完成招聘的时间会有很大差别，需要根据实际情况进行分析。

一般来说，对岗位招聘时间评估比较好的做法是分类进行，参考本地同行的标准，并结合企业的实际情况和过去的招聘时间，制定出本企业的招聘时间标准。每次完成招聘时间后，与这个标准进行比较，就可以知道招聘效率的高低。

其实，对招聘效果的评估不是目的，而是通过对招聘效果的评估，发现招聘工作的不足并进行改进，以便更好地完成招聘任务。面试官如何做好招聘效果评估呢？

第一，面试官要对招聘工作分轻重缓急，紧急且重要的要首先做，不紧急的工作放在后面处理。

第二，当招聘工作完成后，或者是完成不够好的情况下，要及时进行总结，分析出现问题的原因在哪里。这项分析要多方面考虑，将影响招聘效果的因素都考虑进去。例如招聘员工的数量、岗位、难度等。

第三，对面试官来说，对招聘效果的评估最重要的方面就是总结在招聘过程中有哪些环节需要改进，这对提高将来的招聘工作有重大意义。同时，面试官还要对招聘员工的能力素质进行评估，看其是否适合职位要求，这对未来招聘员工是有参考意义的。

第四，重复招聘对企业来说是一个损失。录用的合格员工在试用期内离职，企业将不得不重新进行招聘。这不仅浪费了企业的招聘成本，而且这些人刚入职不久，往往也不会创造出什么价值，这对企业来说是损失。

对面试官来说，对招聘效果进行评估是一项很重要的工作，做好这项工作不仅对企业经营大有裨益，而且对个人招聘能力都是一种提高。然而，对招聘效果的评估不是一个人的事，应由人力资源部组成评估小组负责这项工作。同时，用人部门也要参与其中，因为用人部门对招聘工作的满意与否，是衡量招聘工作效果的重要指标。

第 10 章
新员工录用

应聘人员符合企业的招聘需求,经过面试合格后企业会向其下发录用通知。新员工入职之后,还有很多工作要做。首先就是对新员工进行培训,让他们尽快熟悉工作环境、工作流程,融入到公司之中。同时,对新员工在试用期进行管理,与新员工签订劳动合同,都是面试官应该考虑的工作。

第一节　新员工入职

新员工入职，就与公司产生了劳动关系。对面试官来说，在新员工入职阶段有很多工作需要做。例如，员工入职准备、入职报到、入职手续、入职培训等。俗话说"好的开始是成功的一半"，做好员工的入职工作，能使员工尽快融入到公司的团队中去，也有利于员工感受到集体的温暖，并且能够很好地跟团队成员进行良性互动。同时，对于降低新员工的离职率以及提高团队的绩效，都具有十分重要的意义。

对新员工的入职引导是面试官的一项基础工作。面试官的态度对新员工的引导能起到很重要的作用，同时也决定着面试官的工作成效。有的面试官可能会认为，员工入职就是带着新员工看看公司的工作环境、生活环境，认识一下新同事。其实，没有这么简单，这需要做很多方面的细致工作。在对新员工的入职引导上，面试官的热心和细致很重要。那么，面试官在对新员工的入职引导上要做哪些工作呢？

第一，帮助新员工办好入职手续，主要是办好一些日常必需物品的领取和发放。例如，门禁、饭卡、登记考勤指纹等。如果有员工宿舍，还要帮其办好入住手续，把他们安顿好。

第二，帮助新员工熟悉公司内部和周边的环境。例如，公司内部办公区分布、卫生间、茶水间等，公司周边的地理环境、交通状况、生活设施等。

第三，安排好新员工的工位、办公用品领取、电脑设置等一切与工作有关的事情。

第四，介绍公司概况。针对公司的规章制度、考勤制度、薪酬发放等，向新员工进行简单的介绍。

第五，向他们介绍部门负责人和新同事，并将新员工移交给用人部门。

对新员工的入职引导并不是面试官一个人能完成的，所以面试官要与人力资源部门和业务部门相互配合，共同完成对新员工的入职引导。让新员工感受到公司对他们的关怀和重视，让他们尽快融入到公司的工作和生活中。那么，面试官如何做好新员工的引导工作呢？

1. 做好前期准备

（1）在新员工来报到前，面试官要提前与之沟通，并提醒新员工入职的时间以及需要携带的相关资料，并且询问新员工有没有需要帮助的地方。这么做会让新员工感受到公司对他们的关心，也会让他们在入职前能有个好心情。同时，面试官对新员工入职前所需要的物品等都要提前准备好。

（2）为新员工准备一份详细的入职说明，让他们对入职后所要做的事情心中有底。例如，分配部门、职位名称、岗位职责、就餐安排等。

2. 办理入职手续

（1）给新员工发放《入职须知》《员工手册》，并对其中的内容进行讲解。对于新员工不明白的地方，要进行耐心的解答。

（2）协助新员工办理入职登记手续，同时要帮助新员工了解公司的相关制度。

（3）为新员工安排导师，帮助新员工熟悉工作内容，并帮助新员工解决一些疑问。

（4）为新员工举办欢迎仪式，并由部门负责人致欢迎词。

3. 新员工入职的跟踪与反馈

（1）面试官在新员工正式入职后，要向用人部门了解新员工的工作、生活状况，可以与新员工谈一谈心，为新员工质量评估作准备。

（2）随后，面试官在一定时间内要走访新员工，让他们感受到公司对他们的重视和关心。

（3）面试官在新员工入职后一个月内要召开一次座谈会，听听新员工入职后的感受。

（4）面试官在新员工入职一个月内，要把新员工的各项情况汇报给人力资源部负责人。

新员工入职后，面对陌生的环境，离不开面试官的入职引导。但是，面试官在做入职引导时，也要注意以下事项。

首先，对新员工的引导要有意义和价值，最好对新员工进行公司文化、价值观、职位责任等方面的引导。无价值的引导只会浪费时间和金钱。

其次，对引导的内容要有所选择，对不同的新员工选择不同的引导内容。对于招聘的应届毕业生，由于他们没有社会经验，要引导他们熟悉公司环境、工作关系、与同事合作等。在生活方面，也要对他们进行关怀和帮助，为他们今后在公司的发展奠定基础。对于有经验的新员工，对他们的引导则要着重于对公司环境的熟悉。

然而，有的公司对新员工的入职引导做得不够好，只是为他们发放工作的必需用品、开通一个邮箱，而对新员工的心理关注不够。其实，新员工的要求并不高，他们也想尽快熟悉公司环境，认识公司的同事。所以，面试官要做好对新员工入职的系统管理，让他们能尽快地融入到集体之中。

第二节　新员工培训

对新员工入职后的培训是公司的一项重要工作，通过培训把新聘用的员工从社会人转变成为企业人，同时也是让员工对公司有进一步的了解和熟悉，并且也是管理者对员工了解和熟悉的过程。对新员工培训的主要目的是为了让新员工快速适应工作，减少错误、节省时间，以提高工作效率。很多大公司都十分重视对新员工的培训，让新员工尽快了解公司、融入团队。

华为公司分三个阶段对新员工进行培训：第一阶段是新员工入职前引导培训，第二阶段是入职时的集中培训，第三阶段是入职后的实践培训。其中，实践培训是对新员工培训的重点。

入职前的引导培训是华为在校园招聘结束后，对拟录用人员安排导师，每个月给他们打一次电话，了解他们的个人情况以及思想动态。在这个培训阶段可以防止拟录用人员在毕业前思想的变化，同时可以为将来正式入职做好思想准备。

第二阶段的培训是在新员工入职时的集中培训，为期一周，全部在深圳华为总部进行。培训的内容主要是华为的规章制度和企业文化，这个阶段的培训是让员工清楚知道华为的规章制度等内容，清楚作为华为员工应该遵守的一些行为规范。

第三个阶段的培训是对新员工走上工作岗位后，进行的针对性培训。这个阶段的培训是华为员工在导师带领下，在一线进行实践，目的是让新员工在实践中掌握知识，提高自身能力。

对新员工的培训是非常重要的，华为创始人任正非说："培训工作很重要，它是贯彻公司战略意图，推动管理进步和培养干部的重要手段，是华为公司通向未来、通向明天的重要阶梯。"华为公司对新员工的培训不但务实，而且也有针对性，是一种值得其他公司学习的培训方法。

新员工（应届毕业生）正式入职后，是他们职业生涯的起点，培训是让他们快速适应公司的行为目标和工作方式的重要途径。通过对新员工的培训，可以让他们尽快融入企业的文化，增强企业团队的稳定性，降低员工流失率。著名人力资源管理专家张晓彤女士曾说过："对企业来讲，新员工未来选择如何在企业中表现、决定自己是否在企业长期发展，很大程度上取决于在最初进入企业的一段时间内的经历和感受。在此期间，新员工感受到的企业价值理念、管理方式将会直接影响新员工在工作中的态度、绩效和行为，而这些因素和新员工入职培训的效果关系密切。"

对新员工的培训这么重要，但有的企业做得却不够好。据统计显示，我国将近有三分之一的企业从来不对新员工进行培训；只有不到百分之二十的企业为新员工进行简单的培训；另外，虽然有的企业对新员工进行了培训，也只是作为例行的行政性工作，根本起不到培训的效果。那么，如何对新员工进行培训呢？下面这几点内容值得面试官去思考。

1. 根据新员工的情况制定培训方案

面试官在对新员工的面试过程中，对他们的个人资料已经有所掌握，在制定培训方案时，可以参考这些资料，制定具体的培训目标、培训内容等。有的企业在对新员工培训时千人一面，没有对员工进行具体的分析，这样的培训可能就达不到预期的效果。

2. 明确培训目标

在制定培训方案时要明确培训目标。培训目标不但是设计培训方案的依据,而且培训的内容也是围绕这个目标展开的。简单地说,对新员工的培训目标就是通过培训,让员工尽快融入集体,熟悉公司的工作环境、生活环境以及公司的各项规章制度,有自己的职业发展规划,并以积极的心态投入到未来的工作中。

3. 根据不同的员工制定不同的培训方案

根据员工的技能不同、岗位不同,有针对性地设计培训方案,会有利于提高培训效果。

4. 培训时间设定要合理

一般来说,对新员工的培训在入职一个月内完成,也有的公司会在三个月内完成,但是两者的培训效果会有所不同:越早完成的培训其效果越好。培训时间不是固定的,这要根据行业情况决定,但是最好不要拖太久。

5. 培训内容适应的对象要明确

新员工的来源不同,培训内容也是不相同的。例如,有的新员工是校园招聘来的应届毕业生,有的新员工是从社会上招聘来的有工作经验者。这两个群体存在着很大的差距,对他们的培训最好分开进行。

6. 对新员工的培训要由专人负责

通常来说,对新员工的培训都是由企业统一安排,由人力资源部或者专门的培训中心负责。在岗位培训中,可以采取师傅带徒弟的方式,确保新员工岗位培训的有效性。

7. 培训内容的设计

对新员工培训的具体内容,没有一定的标准,但是要符合企业和工作相关的要求。一般来说,培训内容应包括公司的环境、工作流程、公司文化、岗位知识等。

8. 选择合适的培训形式

培训的形式一般来说包括授课、讨论、角色扮演、拓展训练等,这些培训形式各有特点。同时,根据成人学习的特点,要把培训设计得活泼一些,寓教于乐，并且让他们尽量参与其中。

9. 准备好培训所需资源

培训需要教室、会议室、教材、纸、笔、电视等硬件资源，这些资源有助于活跃课堂、提高培训的效果。

10. 培训效果评估

对培训效果的评估有利于总结经验教训，提高培训质量。要做好培训效果评估就要不断收集员工的反馈意见，并且要使评估的内容量化，便于衡量。

对新员工的培训能体现公司对他们的关心和培养，能对新员工起到激励作用。当员工清楚知道了公司的政策制度后，就可以实现自我管理，从而降低公司的管理成本。并且通过培训，能缓解新员工对新环境的陌生感，帮助他们尽快熟悉公司环境，让他们快速投入到工作中。

附录：天成教育集团新人职员工培训内容

新人入职21天必须培训及考核项目：

A.天成企业文化，课程知识、系统流程图，项目内容；

B.8家标杆企业学习（实地到标杆公司学习4天，并写总结报告）；

C.早会、舞蹈和30分钟的脱稿演讲；

D.陌拜10张总经理的名片且有合影（实物考核）；

E.天成员工手册熟知（问卷考核90分，4份）；

F.能单独指导客户做一项落地服务项目（客户反馈4星以上）；

G.企业落地自转PPT演讲45分钟，视频为证；

H.邀约一家新客户进入天成收费推广课。

第一天：迎新，初识天成，定位自己；天成文化、组织架构讲解；职业生涯。

第二天：天成守则学习；学习早会舞蹈；正能量日志、客户反馈报告书写。

第三天：参观杭州地区天成服务的两家客户公司，了解客户心中的天成；总结报告。（跟进教练）

第四天：天成服务流程图及项目讲解。

第五天：陌生收集10张总经理卡片并合影。

第六天：第一阶段考核、总结及分享。（总结分享必须有PPT：30分钟）

第七天：休息。

第八天：认识目前企业的现状。（请天成的客户来培训《过去、现在、未来》）

第九天：天成服务项目复习及训练；客户公司看服务人员实战服务。

第十天：陪同销售教练去谈单两个客户；上交500字总结报告。

第十一天：天成服务项目复习及训练；客户公司看服务人员实战服务。

第十二天：再次参观学习两家服务的企业，巩固理论知识；书写总结报告。

第十三天：第二阶段总结和分享。（PPT演讲：30分钟）

第十四天：休息。

第十五天：陪同销售教练去谈两个客户；上交500字总结报告。

第十六天：标杆客户流利介绍、企业自转之魂PPT演讲30分钟。

第十七天：天成服务项目复习及训练；客户公司看服务人员实战服务。

第十八天：客户公司实操项目训练。

第十九天：客户公司实操项目实训；上交500字总结报告。

第二十天：笔试、项目实操考核；大总结分享（PPT：30分钟）；晚上聚餐。

第二十一天：户外团队建设活动。

需要补充的项目：

项目责任人、项目实施人、问卷、考核等。

第三节　新员工试用期管理

对新员工的试用期管理,是企业人力资源管理工作的一项重要内容。每个企业都有试用期,试用期也是对人才选拔的验收和补充,是为了检验所招聘的人才是不是真正有能力。同时,对于留住企业真正需要的人才,起着十分重要的作用。然而,有的企业不重视对新员工的试用期管理。如果新员工在试用期内出现问题,就抱怨面试官招聘质量差。不重视新员工的试用期管理,会造成企业人力资源的浪费和管理成本的增加,甚至会给企业带来麻烦,下面请看两个案例。

案例一:

某公司需要招聘一名海外销售人员。要求的条件是:大学本科毕业,英语专业,男性,30岁以上,并且要有4年以上销售工作经验。刘某看到招聘消息后,就投递了简历,经过面试后,该公司聘用了他。入职后,公司与刘某签订了两年劳动合同,试用期为两个月。

在工作中,该公司领导发现刘某的英语口语能力欠缺,在与国外客户沟通时不够顺畅。公司认为刘某不适合这个职位,一个月后,该公司以不符合招聘条件为由与刘某解除了劳动合同。而刘某觉得自己完全符合招聘广告上的条件,该公司的做法没有依据。于是,他就申请劳动仲裁,要求恢复劳动关系。

劳动仲裁委员会认为,该公司认为刘某不符合招聘条件,证据充分。按照该公司招聘条件，刘某没有达到公司的要求，劳动仲裁委员会否定了刘某的请求。

案例二：

某企业需要招聘一名维修工，要求应聘人员具备高级维修水平。王某看到招聘信息后，就参加了该企业的面试并通过。该企业与王某签订了4年劳动合同，试用期为3个月。

在工作中，该企业发现王某的实际能力达不到企业的要求。于是，在试用期满后，该企业组织了对王某的技能考核，结果王某达不到高级水平。随后，该企业以不符合录用条件为由，解除了与王某的劳动合同。

但是，王某表示不服，他认为该企业是在他试用期满后才考核的，并且现在已经过了试用期，公司不能以不符合录用条件为由将他辞退，就是辞退也要给予他解除劳动合同的赔偿金。王某申请了劳动仲裁，结果劳动仲裁委员会支持了王某的请求，要求该企业支付给王某赔偿金。

上面的两个案例，都是在试用期管理中出现的问题。如果公司不能做好对新员工试用期内的管理工作，会给企业带来损失。对新员工的试用期管理不是一个简单的问题，一定要引起公司的高度重视。

新员工刚到公司，面对陌生的环境，新的工作、新的人际关系往往会给他们心理上带来一定压力。如果在试用期内对新员工不加以管理，新员工由于不能适应新的环境，很容易辞职，这对企业的招聘成本是一种浪费。

所以，企业在新员工入职后，不能疏忽了对新员工的管理。企业要高度重视对新员工的管理，以期让新员工顺利度过试用期。那么，如何做好新员工试用期内的管理工作呢？

1. 做好入职培训

做好新员工入职培训是十分必要的，通过培训使新员工熟悉公司的规章制度、企业文化、工作流程，使新员工快速进入角色，减少了刚接触新工作时的压力。一些员工就是因为没有经过培训，或者培训效果不佳，在工作中缺乏信心就会辞职。

2. 帮助新员工快速熟悉环境

一般来说，人来到一个陌生的环境中，都会因为不适应而产生心理压力。所以，新员工入职后，首先要帮助他们熟悉公司内外环境，并认识新同事。这不但有利于新员工开展工作，而且为其建立良好的人际关系奠定了基础。同时，公司也要为新员工创造和谐的工作环境，让他们尽快融入公司。

3. 明确新员工的考核标准

明确新员工的考核标准，让他们心中有数，知道自己的目标在哪里。并且考核标准是新员工转正的重要依据，也是新员工比较关心的事情。所以，部门负责人要帮助新员工达到考核标准，让他们感受到企业对他们的关怀和培养。

4. 做好新员工的入职引导

入职引导是使新员工快速熟悉公司环境、岗位要求的重要途径，这种师傅带徒弟的方式是很有效果的。所以，公司要为新员工指定专门的入职引导人，帮助他们尽快进入角色。

5. 关心新员工

新员工入职之后，人力资源部门不能对他们不管不问，要保持和新员工的沟通，了解他们对工作岗位的看法、有哪些困难需要解决。还要及时了解他们的思想动态，给予他们进行有针对性的帮助，让他们感受到企业对他们的关心。

对新员工试用期内的管理，可以帮助他们建立对企业的信任，减少对企业的猜疑；有利于增强新员工对企业的向心力，减少新员工的流失；也有利于企业建立稳固的团队，提高企业的竞争力。可见试用期内的新员工管理做得好，对员工和企业是一个双赢的结果。

第四节　如何签订试用期劳动合同

我国劳动法规定，劳动合同可以约定试用期。《中华人民共和国劳动法》第十九条规定："劳动合同期限三个月以上不满一年的，试用期不得超过一个月；劳动合同期限一年以上三年以下的，试用期不得超过二个月；三年以上固定期限和无固定期限的劳动合同试用期不得超过六个月。同一用人单位与同一劳动者只能约定一次试用期。以完成一定工作任务为期限的劳动合同或者劳动合同期限不满三个月的，不得约定试用期。劳动合同仅约定试用期或者劳动合同期限与试用期相同的，试用期不成立，该期限为劳动合同期限。"

有的企业是将试用期合同与劳动合同分开签订的，如果企业与新员工约定了试用期，但是没有签订劳动合同，甚至试用期结束后，再继续签订试用期合同，这些做法都是不对的。如果企业只与新员工约定了试用期但是没有约定合同期，这也会使试用期无效，试用期会被看作是正式劳动合同。

企业与新员工签订试用期合同后，如果新员工在试用期内被证明不符合聘用条件的，可以解除劳动合同。《中华人民共和国劳动法》规定，新员工在试用期内可以随时无条件解除劳动合同，如果企业在签订试用期劳动合同时，附加了新员工解除试用期劳动合同的条件，会被认定为无效条款。并且，企业要与新员工解除试用期劳动合同，需要证据证明新员工在试用期内"不符合录用条件"，否则试用期合同是不能随意解除的。另外，试用期满之后，企业也不能以试用期内不符合条件而解除劳动合同。

对于试用期内的工资，1995年5月12日劳动部发布的《对〈工资支付暂行规定〉有关问题的补充规定》第5条第2款规定："学徒工、熟练工、大中专毕业生在学徒期、熟练期、见习期、试用期及转正定级后的工资待遇由用人单位自主确定。"并且，劳动部《关于贯彻执行〈中华人民共和国劳动法〉若干问题的意见》第57条规定："劳动者与用人单位形成或建立劳动关系后，试用、熟练、见习期间，在法定工作时间内提供了正常劳动，其所在的用人单位应当支付其不低于最低工资标准的工资。"根据这一规定，企业在不违反劳动法的前提下，可以自行确定试用期内的工资。

对于企业向新入职的员工收取培训费，劳动部《关于试用期内解除劳动合同处理依据问题的复函》中规定："用人单位出资（指有支付货币凭证的情况）对职工进行各类技术培训，职工提出与单位解除劳动关系的，如果在试用期内，则用人单位不得要求劳动者支付该项培训费用。如果试用期满，在合同期内，则用人单位可以要求劳动者支付该项培训费用……如果合同期满，职工要求终止合同，则用人单位不得要求劳动者支付该项培训费用。如果是由用人单位出资招用的职工，职工在合同期内（包括试用期）解除与用人单位的劳动合同，则该用人单位可按照《违反〈劳动法〉有关劳动合同规定的赔偿办法》（劳部发〔1995〕223号）第四条第（一）项规定向职工索赔。"但是，如果企业在聘用新员工前就收取培训费、服装费等，并且入职后并未对新员工进行培训，然后在试用期满之前找理由把新员工辞退，之前收取的费用并不退还，这种做法是违法的。

对企业来说，在新员工试用期内是应该签订书面的试用期劳动合同的。如果企业在试用期内不签订劳动合同，就可能给企业带来用工风险。那么，企业如何与新员工签订试用期劳动合同呢？以下几项需要注意。

1. 单独的试用期劳动合同是无效的

根据《关于贯彻执行〈中华人民共和国劳动法〉若干问题的意见》的规定："劳动者被用人单位录用后，双方可以在劳动合同中约定试用期，试用期应包括在劳动合同期限内。"这条规定说明，试用期是企业与新员工的约定，并不是劳动法规定的。试用期只能在劳动合同中约定，企业不能只签订试用期劳动合同而不签订劳动合同，这会导致试用期劳动合同无效。

2. 试用期最长不超过六个月

这是《中华人民共和国劳动法》中规定的，企业一定要遵守，不然会给企业的用工带来麻烦。

3. 资金担保违法，可酌情提供担保人

有的企业会要求新员工在试用期内提供担保。一般来说，这种担保有两种形式：一是资金担保，就是收取新员工一定的资金；二是提供担保人，来共同承担连带责任。对于第一种形式，我国的劳动法是禁止的，如果使用这种形式就违法了。对于第二种形式，我国既没允许也没禁止，新员工可以酌情选择。

4. 在试用期内企业辞退员工要有条件，而员工可无条件离职

这是《中华人民共和国劳动法》赋予员工的权利，也是对企业的限制。所以，企业在与新员工签订试用期劳动合同时，附加任何条件都是无效的。

根据《中华人民共和国劳动合同法》规定，企业用工应当与员工签订书面劳动合同。如果企业已经与员工建立劳动关系，但是没有签订劳动合同的，应当自用工之日起一个月内订立书面劳动合同。如果企业自用工之日起超过一个月不满一年没有与员工签订书面劳动合同的，应当向员工每月支付两倍的工资。所以，企业与新员工签订书面劳动合同是很有必要的。

Part 4

能力提升——面试官的自我修炼

面试官是为企业选拔人才的"伯乐",面试官能力素质的高低,决定了招聘的效率和效果,也关系到企业能否招聘到合适的人才。现在企业间的竞争有很大程度上是人才的竞争,人才是事业兴旺发达的基本保证。面试官担负着为企业招聘人才的重任,所以,面试官要不断提升自己的能力和素质,更好地为企业的人才建设服务。

第 11 章
如何做一个优秀的面试官

面试是企业选拔人才的重要环节,是招聘活动中广泛采用的有效工具之一。面试结果的优劣,关键在于面试官自身的能力和素质,一个优秀的面试官能在为企业节约招聘成本的前提下,为企业在短时间内招聘到合适的人才,而不会使企业出现人才短缺的局面。

第一节　面试官的自我修养

企业不仅要求招聘的人才有良好的个人修养，而且要求面试官也要有较好的个人修养。面试官的个人修养是精准选拔人才的基础。因此，面试官要不断提高自我修养，提高自身的能力和素质。那么，面试官如何才能对应聘者做出正确的评价呢？对人才的选拔并不是一件容易的事，面试官也会在选拔人才上看走眼。2016年，马云收购肯德基品牌中国运营商——百胜中国餐饮股份集团。此后，网上出现一个段子，说马云当年去肯德基应聘，去了25个人，只有他落选了，他这次收购肯德基是为当年肯德基没有录用他进行的报复。这种说法我们暂且不论真假。现在我们从面试官的角度看，当年他们没有录用马云，可能是肯德基的巨大损失。其实，除了肯德基的应聘经历，马云说他还向别的企业投递过30多份简历，但是没有一家企业录用他。如果当年哪家企业的面试官发现了马云的才干，说不定就能给企业带来巨大变化。优秀人才永远都是一种稀缺的资源，如果面试官在面试过程中，没有对优秀的人才做出正确的评价，而将其淘汰，对企业来说是一大损失。

管理学大师彼得·德鲁克说："经理人在晋升和人员配置方面的决策性较差，据说他们的平均成功率不超过33.3%。"杰克·韦尔奇对自己选拔人才的评价是，他在年轻时选才的正确率是50%，后来通过经验积累和学习，30年后他选才的正确率提高到了80%左右。

精准地识别人才，是面试官最重要的能力，也会对企业的人才招聘产生很大的影响。那么，作为一名面试官，要提升自己选拔人才的能力需要具备哪些基本素质呢？

1. 具备相关的专业知识

这是面试官必须具备的基本素质。在面试过程中，面试官具备专业知识能对应聘者做出公正的评价。专业知识也是一种能力，能在面试时掌握主动权，避免让应聘者牵着鼻子走。

2. 具备良好的个人修养

面试官良好的个人修养不仅代表自己的形象，而且反映出了企业的形象，能够使应聘者感受到信任与尊重。

3. 具备健全的自我认识能力

面试是面试官对应聘做出评价的过程，评价是否公正、准确，与面试官的自我认识能力有很大关系。因为，人们在评价别人的时候，都会习惯于以自我为标准。如果对自我认识都不准确，就无法准确评价别人。

4. 具备处理人际关系的能力

面试工作是与人相关联的，面试的过程就是人际交往的过程。所以，优秀的面试官要善于把握人际关系，这样才能在面试过程中与应聘者进行良好的沟通交流。

5. 具备社会工作经验

面试官对应聘者的评价，在很大程度上是依靠面试官社会工作经验的直觉判断。同时，丰富的社会工作经验也是提高面试官面试技巧的重要保障。

6. 能客观公正地评价别人

面试官担负着为企业选拔人才的重任，所以在面试应聘者时，应站在公平、公正的立场，不能凭个人的好恶、应聘者的外貌、个性等因素去做出判断，以免影响评价的结果。

7. 掌握面试技巧

面试是需要技巧的，面试官必须要掌握一定的面试技巧，这样才能在面试过程中对应聘者进行全面考察，并做出公正的评价。

8. 具备控制场面的能力

在面试过程中，可能有一些应聘者自我意识比较强，他们的行为可能会干扰面试的正常进行。所以，面试官要具备控制场面的能力，使面试不受到影响。

9. 对应聘者的背景有一定了解

这有助于提高面试的效率和工作质量，同时对选拔出真正合适的人才也是有帮助的。

10. 具备相关的人员测评方法

对应聘者进行面试时，面试官需要用一些测评方法来评价他们。所以，掌握相关的测评方法对提高面试能力很有帮助。

一般来说，面试官作为选拔人才的人，对自己的要求是很严格的。以上十项内容是面试官要具备的基本素质。接着，面试官如何提升自我修养呢？根据我的面试经验，以下四项内容可以作为参考。

1. 面试官要有自信心、亲和力、影响力和感染力

面试官在面试应聘者时，一定程度上也在对应聘者产生影响。我的经验告诉我，一名优秀的面试官，即使没有专业背景，你的阅历和行业积累也会对应聘者施以积极影响。

2. 提前做好面试准备

古人说"凡事预则立，不预则废"。只有提前做好准备，才会有备无患，提高工作效率。面试官在面试应聘者前，先要做一些功课，了解应聘者的背景、经历等。这样在面试的时候，才能做到有的放矢。

3. 要懂一些招聘职位的业务

懂一些业务，才能在和应聘者沟通的时候不存在障碍，才能避免应聘者说的你听不懂，才能避免应聘者向你提问，你却答非所问。

4. 面试官要以营销的思维做招聘

可能有的面试官对营销这个词不敏感，感觉与自己没有关系。其实不

然，我们每个人都是营销者，只不过我们营销最多的"产品"是自己。现在，在人才市场，人才对职业的选择越来越广，再加上人才争夺越来越激烈，要想招聘到优秀的人才，面试官就要有招聘营销的意识。

在人才的招聘上，面试官起到举足轻重的作用。企业的发展依靠人才，人才的选拔依靠面试官。所以，面试官要不断提高自己的修养，提高自己的素质和能力，为企业找到合适的优秀人才。

第二节 建立完善的招聘体系

招不到人、留不住人是当前企业招聘的普遍现象，也是企业招聘不期望出现的现象。面对这一境况，在面试官们奔波于各种招聘现场之前，应该静下心来想一想，为什么招不到人？留不住人？招聘为什么达不到理想的效果？其实，这可能与企业整个招聘系统不完善有很大关系。有的企业没有完整的招聘计划，企业需要人时，就临时安排招聘，这往往会使面试官措手不及。为了按时完成招聘任务，面试官可能会降低选拔标准，这就可能造成录用的人不合适，最后导致员工流失率很高，企业不得不继续招聘，不仅浪费了招聘成本，而且造成了招聘——流失——招聘的恶性循环。有的企业要求录用的人才有能力，而其他的标准模糊不清或者不做要求，结果也给企业带来了损失。

某房地产企业缺少一名合适的项目经理，导致了项目延期，给企业造成了不小的损失。于是，这个企业的老板决定招聘一名项目经理，让面试官加大招聘的力度。最终面试官通过各种招聘渠道，找到了一个有房地产项目经验的人才，聘请他做了项目经理。

这名项目经理上任之后，也确实能干，在短时间内摸清了项目存在的问题，并提出了适当的解决方案，使项目进度大大加快，最后提前两周完成任务。这次任务的出色完成，使老板对项目经理很赏识，决定重用他。不久老板又成立一个分公司，提拔这名项目经理做总经理。但是公司总部控制人事和财务权力，这样的安排让他很不满意。

在以后的工作中，他就开始消极怠工，找各种理由拖延项目工期，导致整个业务处于停滞状态。然而他却不知道，公司老板这样安排，也是在考察他，如果他表现好，以后准备给他分权。但是老板发现他闹情绪，导致项目没有进展，结果给公司造成了巨大损失。最后，公司决定解除与他的劳动合同。

这家地产企业之所以解聘了招聘到的人才，就是在招聘的时候只注重才干，没有对人才做全面考察。公司老板只考察能力，而没有考察其职业道德。造成这样的结果的一个很重要的原因就是，企业在招聘的时候没有完善的招聘管理体系。

其实，企业的招聘工作是一个系统工程，所以企业必须建立完善的招聘管理体系，这是招聘到合适人才的保证。只有招聘的各个环节互相配合，才能在人才的招聘上形成良好循环。那么，企业如何建立完善的招聘体系呢？

1. 制订招聘计划

企业的招聘计划与企业的发展战略、人力资源规划是一致的。招聘计划可分为年度计划、季度计划、月计划。年度计划是一年招聘工作的安排，季度计划和月计划是对年度计划的细化。一个完整的招聘计划，应该包括招聘岗位、招聘数量、到岗时间，同时对于招聘预算也必须明确。对于如何完成招聘计划，还必须要有明确的实施方案。

2. 选拔标准

对人才的选拔要有一定的标准，这个标准来源于对招聘职位的任职需求。一般情况下，企业都有岗位说明书，但是对岗位的任职要求比较笼统，只体现在知识、技能、经验、学历等方面。对于更深层次的要求则体现不出来，这就影响了面试官对应聘者的全面考察。解决的办法就是建立一套胜任职位要求的素质模型，这样面试官对人才的考察就有了样板。

3. 招聘渠道

现在人才招聘渠道有多种，但是企业在招聘的时候，要考虑到岗位性质和任职人员的特点。企业进行招聘的目的是找到合适的人才，同时招聘也是对企业形象的宣传。企业在招聘一般员工的时候，可以选择招聘网站、举办招聘会、校园招聘等。招聘高层次人才时，要找专业网站，甚至和猎头合作。无论选择哪种渠道，一定要做到让求职者迅速了解企业的招聘需求。

4. 能力和素质测评

对应聘者进行能力和素质测评是企业在招聘过程中的一个短板。特别是一些中小企业，由于缺乏相应的测评手段，在招聘人才时基本上是"跟着感觉走"。招聘时由于主观因素过多，招聘的人员经常良莠不齐。如果是招聘一般的员工，一般通过面试就可以了。但是，如果是招聘专业性很强的岗位，或者特殊的岗位，就要对应聘者使用多种手段进行测评，确保录用的人员不出现差错。

在测评工具的选择上，一些面试官从网上下载后直接使用，这是很不科学的，测评效果也很难保证。真正有效的测评，是通过专业研究机构开发的测评工具。但是，使用这些工具是需要付费的。

5. 新员工试用期管理

一般来说，新员工在试用期的流失率是比较高的。因为，他们一旦感觉不适应环境，就很容易离职。因此对新员工，要对他们进行积极引导，让他们尽快融入公司，安心工作。

6. 招聘效果评估

对面试官来说，招聘是否有效果，是需要实践检验的。所以，建立一套评估标准，不仅能检验招聘的效果，而且对以后的招聘也是参考，能不断提高招聘工作的质量。

7. 流程与制度

要想建立一套完善的招聘体系，流程与制度的建设是不可或缺的一环。

只有规范流程与制度，才能保证招聘体系的顺利实施，才能避免随意而为、管理混乱。

俗话说"好的开始是成功的一半"。面试官要想招聘成功，就要运用系统性思维，建立完善的招聘管理体系。只有企业建立起完善的人才招聘体系，有了自己的人才招聘制度，在人才的招聘上才有了指导标准，更好地完成企业的招聘工作。

第三节　面试官招人技巧

对企业来说，招聘到与职位相匹配的人才是当前面临的最大问题之一。有些企业总是很难招聘到合适的人才，或者留不住人才，甚至出现了用工荒的情形。那么，面试官如何招聘人才呢？下面几项招聘技巧，可以作为参考。

1. 面试的形式

（1）尊重应聘者

这是面试官应该具备的最起码的职业操守。如今的招聘是一个双向选择的过程，面试官在选择应聘者，应聘者也在选择企业，合则留，不合则去。在面试过程中，虽然面试官掌握着应聘者能否被录用的权力，但是应聘者也有自己选择的权力。所以，面试官首先要端正心态，不要给应聘者一种盛气凌人的感觉。这需要面试官提前做一些准备，如熟悉一下应聘者的简历、对应聘者情况有大致的了解、在面试时向应聘者做一下简单的自我介绍等，让应聘者觉得面试官平易近人。

（2）尽量让应聘者放松

大部分应聘者在面试时都会比较紧张，特别是一些性格内向的应聘者，可能会紧张得连话都说不好。要知道，只有在情绪放松时，应聘者才能进入面试状态，才能发挥出真实的水平。所以，面试官要尽量让应聘者放松，一开始可以先不谈面试的问题，聊聊天，甚至幽默一下都是可以的。

（3）面试官要多听少说

在面试过程中，面试官适时提问，引导应聘者介绍情况，这是很正常的，为的是从应聘者那里得到有效的信息。但是，面试官不能自己说太多，而应聘者说得太少，这样得到的有效信息就很有限。面试官应该做的是让应聘者多讲，自己多听，根据情况提问，控制面试程序。

（4）给应聘者预留提问的时间

在面试结束前，面试官要给应聘者预留出提问的时间，并且要认真回答应聘者的问题。很多应聘者也想多了解企业的情况。如果这时候面试官对应聘者比较满意，也可以利用这个机会来说服他。就算是面试官觉得应聘者不适合，认真回答他的问题，也会让他感觉到自己被尊重，给他留下好印象，不至于出去说企业坏话。

2. 面试中注意的问题

（1）不要完全相信简历

因为有的应聘者不够诚信，在简历中造假，虚构自己的学历、工作经历等。即使应聘者在简历中把自己过去的工作经历写得再辉煌，那也只是代表过去，不能代表现在的真实水平。简历只能作为面试官的参考，一些真实的情况，还要在面试中来检验。

（2）不要事先对应聘做出评价

有的面试官在看了应聘者的简历后，就在心里对应聘者做出了评价。特别是有多年经验的面试官，在面试前就会在心里对应聘者做出假设。因为面试前对应聘者做出了假设，在心理上就就有了倾向，进而影响到面试的结果。如果应聘者恰好符合自己的预期，那么应聘者就可能被录取。这种做法可能会漏掉真正的人才，而录用一个不适合的人。

（3）面试官要负起责任

一般情况下，对重要的岗位的角逐应聘者会经过几轮面试，并且参与面试的也不止一个面试官，最后能不能录用往往需要各个面试官一起讨论决定，甚至是领导决定。这就可能导致有的面试官认为自己没有决定权，而且还有别的面试官要面试，于是就把一些难题、搞不清楚的问题留给了后面的人。这种情况会影响面试的效果，也影响企业对人才的选拔。所以，面试官要负起自己的责任，该是自己的工作一定要认真做好，这不但是对企业负责，而且是对应聘者负责。

（4）不要提具有诱导性的问题

因为诱导性的问题会使应聘者朝着面试官期待的方向回答。可能有的应聘者语言表达能力强，当遇到诱导性的问题时，他就会口若悬河地发表自己的看法和见解。然而，对于一些言语表达能力不足的应聘者，可能无法说清楚这个问题。但是，能说的人，并不一定能做到；不能说的人，并不一定做不好。所以，诱导性的问题会影响面试官对应聘者的判断。

（5）注重答案，更要注重过程

对应聘者进行笔试，也是招聘工作的一项重要内容。但是，在笔试的时候，面试官不要只注重答案，而是要更注重应聘者是如何获得答案的，也就是注重他们获得答案的过程是怎样的。这是考察应聘者解决问题的方法，从这里反映出了应聘者解决问题的能力。

（6）注重细节

应聘者在参加面试时，简历和穿着打扮都可能是经过精心准备的。面试官要想了解应聘者的真实情况，就要观察应聘者身上的一些细节。这些细节能反映出一个人的修养、个性等。例如，穿着、坐姿、小动作等。

3. 面试官如何选人

面试官对应聘者面试的目的就是为了选拔人才，所使用的一切招聘方法和技巧都是为了选拔人才服务的。对面试官来说，知道如何选人才是最重要的。

（1）百事通，不如一事精

有的应聘者是什么事情都知道一点，但是都不精通。对于这样的应聘者面试官要注意了，不精通意味着不专业，对于这样的应聘者一般不建议录用。而有的应聘者，虽然很多地方不行，但是有精通的地方，在这方面比别人做得都好。对于这样的应聘者，建议面试官录用。

（2）能清楚了解自己

对于那些能清楚了解自己、知道自己的优劣，并且对工作充满信心的应聘者，建议录用。对于那些骄傲自大，或者过度自卑的应聘者，不建议录用。

（3）求职目的清晰

有的应聘者有清晰的求职目的和职业规划，他们换工作是有备而来的。对于这样有工作经验的应聘者可以录用。而有的应聘者，是因为被公司辞退或者对公司不满而离职的，并且到处说原公司的坏话，对于这样的应聘者不建议录用。

（4）有潜力的应聘者

那些善于学习、能快速接受新事物，并且能通过学习提升自己能力的应聘者是有潜力的，建议录用。对于那些安于现状、不思进取的应聘者，即使他们有工作经验也不建议录用。

以上的一些招聘技巧，能帮助面试官更好地识别人才、选拔人才。在这个快速发展的时代，人才是最宝贵的资源。所以，面试官要不断提高自己的能力，不断优化自己的招聘技巧，做金牌面试官。

第四节　关心应聘者的梦想

一般来说，每个求职者除了需要赚钱养家糊口外，还有梦想。所以，面试官在招聘中可以用"梦想"来吸引应聘者。在人才市场上，有的求职者可能对物质待遇要求并不高，他们更关注个人的职业发展前景，渴望找一个有利于自己发挥能力的平台。面试官在与这样的人才沟通交流时，可以从职业发展前景方面说服他们，告诉他们加入公司会有一个更好的未来。

有一家企业准备招聘一名部门负责人，但是这家企业地理位置偏僻，很多人才不愿到这里来工作。这家企业为了提高职位的吸引力大幅提高了薪酬待遇，相比同类公司高出了不少。即使这样仍然没有招聘到合适的人才。没办法，这家企业只好与猎头公司合作。

猎头公司考虑到本地人才市场缺乏高端人才，就把招聘目标定在了外地。通过搜索众多候选人之后，猎头公司发现有三位候选人比较合适，他们都有在大公司工作的经历。猎头公司与他们进行了沟通，即使在高薪的条件下，有两个候选人还是拒绝了。他们的理由是，企业地方太偏，生活不方便，不做考虑。另外一个候选人，虽然没有明确拒绝，但是也表示，不想到偏远的地方，想去一、二线城市发展。

虽然这次招聘不顺利，但是猎头公司还是不想放弃第三个候选人，决定与他进行进一步的沟通，但在沟通之前需要先对他做一个背景调查。经过调查，猎头公司发现这位候选人虽然家境不好，但他工作一直很努力，对自己的发展前景很在意。于是，猎头公司心中有底了，他们决定沟通时不与候选人谈薪资待遇，而从他个人的发展前景来说服他。

经过几次沟通之后，候选人的态度慢慢有所松动，由一开始的不愿接触，到能听进去猎头公司的话。猎头公司告诉他，虽然这家企业现在地理位置偏僻，但是与同行业相比较，有广阔的发展前景。现在企业正处于快速发展期，未来谋划向一、二线城市拓展。并且，这家企业有着完善合理的晋升通道，这家企业的老板很看重人才，只要有能力就有发展空间，将来进入企业高层是没问题的。这位候选人最终被打动，同意加入这家企业。

在这个案例中，猎头公司之所以能打动候选人，完成招聘任务，就是用候选人对未来职业的梦想来吸引他。这位候选人之所以同意加入这家企业，也是因为他看重自己的职业发展前景。所以，面试官用梦想来说服候选人的时候，要确切知道候选人是否对梦想有需要，这样才能对症下药。

梦想在人才招聘时能起到独特的作用。很多求职者在应聘工作的时候很注重自己的梦想。有的会为了梦想，可以降低别的条件。面试官在招聘人才的时候，要巧妙运用梦想抓住应聘者的心。所以，面试官在面试的时候，要想办法了解应聘者内心的真实想法，找到说服人才的突破口。

人的梦想各有不同，有的想要好的工作平台，有的想有好的晋升空间，有的想拥有良好的人际关系等。那么，面试官如何通过不同人的梦想，说服合适的人才加入企业呢？

1. 给应聘者以梦想

对于那些优秀的人才，在与他们进行沟通交流的时候，要根据他们所期望的未来，描述企业未来的前景。当企业的前景与他们梦想相重合时，就能打动他们的心。1983年，乔布斯邀请百事可乐总裁约翰·史考利加入苹果公司时，说了一句经典的话，被传为美谈。乔布斯对约翰说："你是想一辈子卖汽水，还是想改变世界。"就是这句话，让约翰·史考利加入了苹果公司。乔布斯对约翰说的这句话，就描绘了苹果公司的伟大前景，以及能实现个人的伟大梦想，所以才打动了他。

在说服有梦想的应聘者时，要让他们认可企业的前景，并把他们的梦想与企业的前景融合起来。并让他们相信，和企业共同成长，就能实现他们的梦想。

2. 描述企业的团队

有的应聘者希望在一个出色的团队中工作，在这里不仅能拥有良好的人际关系，并且能共同进步和成长。所以，优秀的团队对有的应聘者也是一种诱惑。

3. 良好的职位晋升空间

对任何一个职场人士来说，他们不仅希望能在工作岗位上发挥自己的才干，而且也希望随着自己能力的提升，有良好的职位晋升空间。所以，良好的职位晋升空间也是企业吸引人才的一项重要内容。面试官在与应聘者沟通的时候，要向他们说明白企业未来的职位晋升情况，引起他们的兴趣，吸引他们加入企业。

4. 优厚的薪酬待遇

面试官在招聘人才的时候，不仅要向他们讲明企业的发展前景，而且要告诉他们企业提供的优厚薪酬待遇。面试官要让他们明白，随着企业的发展，员工的福利待遇也会随着改善。给员工营造一种能改善自己经济条件的愿景，扩大他们对企业的期望。

梦想每个人都有，但是随着时间的推移，有的人放弃了梦想，有的人一直在追逐梦想，一直在等待梦想实现的那一天。面试官在面试的时候，要真正知道应聘者的梦想是什么，他们的追求是什么。这样在招聘的时候，就可以以实现他们的梦想为条件，吸引他们加入到企业中来。但是，面试官也不能瞎忽悠，要根据企业的实际情况，给出能够兑现的承诺。否则，就算是一时把人才忽悠进来了，最终他们还是会走的。这不但浪费了企业的招聘成本，而且破坏了企业的形象。

第五节　招聘中的法律风险及防范

作为一名面试官,一定要知法、懂法,特别是要对《中华人民共和国劳动法》有深入的理解和认识。企业招聘同样存在法律风险,忽视了在招聘过程中的法律风险,一旦出现违法行为,势必给企业带来麻烦,甚至造成经济损失。

所以,面试官在招聘的过程中,要按照规范招聘,规避可能存在的法律风险,减少不必要的损失。那么,在招聘过程中,存在哪些法律风险,面试官如何防范呢?下面几项内容,可作为参考。

1. 招聘过程中的歧视行为

我国的法律规定劳动者享有平等的就业权利,如果劳动者受到就业歧视,可以向有关部门提起诉讼。对劳动者的歧视行为就是向劳动者提出一些与工作内容无关的条件,从而对劳动者进行有差别对待。近年来,我们经常发现,有的企业因为性别、身体等原因,歧视应聘者而被媒体报道或者被应聘者起诉。

对于这种情况的防范措施:一是面试官在撰写招聘信息的时候,要杜绝歧视性的内容;二是如果不是特殊的岗位,就不得限制应聘者的身高、性别等;三是对身有残疾或有传染病的应聘者,如果不是国家法律禁止从事某项工作的,企业不得拒绝录用。

2. 下发《录用通知书》后,又无故取消

应聘者通过面试后,企业向应聘者下发《录用通知书》。虽然《录用通知书》的性质和法律效力在《劳动合同法》上没有做出明确规定。但是,

《录用通知书》上已经包含有录用的职位、报到时间、工资待遇等。并且应聘者明确表示接受，已经在为入职做准备时，《录用通知》是不可无故取消的，它已经具备了法律效力。无故取消《录用通知》也会引发诉讼。

刘先生在一家国有企业工作。几年后，他认为国企的工作环境不适合自己，开始准备跳槽。有一次他发现某外企的招聘信息，认为自己符合所招聘职位的条件，就瞒着单位，去参加了面试。

经过笔试、面试、体检后，这家外企对刘先生比较满意，很快就给他发了录用通知书。上面有任职的岗位、薪酬待遇、工作地点，报到时间等，收到录用通知后，刘先生就给这家外企的人力资源经理发了一份邮件，表明自己会按时去报到。

随后，刘先生就辞去了国企的工作。因为违约，他还赔偿了国企一笔钱。然而，当刘先生办好离职手续，准备去新单位任职的时候，又收到了外企的通知。该公司告诉刘先生，他们又找到了更合适的人选。这家外企还没有与刘先生签订劳动合同，就让刘先生不要去报到了。刘先生接到这份通知很是气愤，将这家外企告到法院。刘先生要求，要么这家企业给他签订劳动合同，要么承担违约责任，赔偿违约金7万元。法院受理案件后，经过双方调解，外企与刘先生签订了劳动合同。

这个案例就说明了，随意取消录用通知，要承担法律责任。碰到这样的法律问题，法院一般认为，是企业违背了诚信。从合同法理念上来说，企业要承担毁约责任，并赔偿受害人经济损失。对于这样的问题，企业为了规避法律风险，就要设计规范的录用通知，上面要包含有效期、生效条件，甚至企业有单方面解除的权利。

3. 录用条件

企业在招聘员工时，都会根据职位的任职要求设置一定的条件。一般情况下，这些条件会在招聘信息中体现出来。当应聘者面试合格被录用后，就说明应聘者达到了该职位的录用条件。在新员工入职试用期内，企业不能拿招聘条件当录用条件来要求员工，当认为新员工不符合录用条件时要有证据。如果企业以不符合录用条件为理由来辞退新员工，可能引发劳动仲裁，并且企业胜诉的概率不大。

某软件开发公司，主要承接英国的业务，进行数据开发。该公司在发布的招聘信息上，要求应聘者必须达到的条件是：计算机专业本科以上学历，有软件开发经验、精通计算机语言，能熟练使用英语进行工作。

徐某是一名计算机专业的大学毕业生，看到招聘信息后投递了简历。经过几轮面试后，徐某被该公司录用。双方签订了4年劳动合同，试用期为6个月。但是，在徐某入职后，虽然在电脑操作和软件编程上没有问题。然而，在工作中需要与外籍员工，甚至与英国方面进行沟通。徐某在英语口语表达上能力明显不足。有一次，就是因为徐某在沟通时出现了问题，导致项目进展不顺。

试用期2个月后，公司认为徐某的英语表达能力太差，不符合公司的录用条件，决定与其解除劳动合同。但是，徐某认为自己在软件编程上不存在任何问题，符合公司招聘条件中规定的"能熟练使用英语进行工作"的条件，公司不应该解除劳动合同。由于公司坚决要解除与徐某的劳动合同，徐某就向劳动仲裁委员会提起了仲裁，最终仲裁委员会裁决公司败诉。

在这个案例中，这家公司在招聘条件中，对语言能力的要求是"能熟练使用英语进行工作"，而对使用英语口语进行沟通交流没有做要求。徐某的英语水平能胜任英语编程，但是对于用口语进行交流明显不足。双方的矛盾是该公司认为徐某不能用英语与外籍员工进行交流，而徐某认为用英语交流不属于软件编程工作，最后劳动仲裁委员会支持了徐某的请求。

若员工在试用期内不符合职位的任职要求，企业想通过"录用条件"与其解除劳动合同，而企业没有设置这一录用条件或者设置得不全面，解除劳动合同是有一定难度的。那么，企业在设置录用条件时，要注意什么问题呢？

（1）企业在设置录用条件时应该清晰明确，不能模糊甚至产生歧义，并且要量化、可操作、能考核。

（2）要把录用条件在招聘员工时告知员工，并让员工签字确认。

（3）按照录用条件上的标准，在试用期内对新员工进行考核，把考核结果告知员工，并要签字确认，以便保留证据。

4. 入职审查

有的应聘者为了得到工作，不惜造假。例如，学历造假、编造虚假工作经历等。虽然存在这些欺诈行为，但是《中华人民共和国劳动合同法》规定，即使员工存在欺诈，导致劳动合同无效，企业也要支付劳动报酬。这不但给企业造成了经济损失，而且影响了企业招聘到合适人才。所以，企业在员工入职时，要做好审查，以免将来发生纠纷。

王某于2013年进入一家私营企业工作。他入职时向企业提供了大学学历证明，并与企业签订了为期一年的劳动合同。此后，双方每年签订一份为期一年的劳动合同。2016年，王某与企业签订了一份任职承诺书，保证自己提供给企业的材料真实有效，如果有造假行为，愿意无条件解除劳动合同，不要求任何经济补偿。

随后，公司发现王某的学历造假，与王某解除了劳动合同。但是，王某不服，认为这是公司借机裁人，并要求公司补偿违法解除劳动合同的赔偿金。王某向劳动仲裁委员会申请仲裁。仲裁的结果是让该公司赔偿王某违法解除劳动合同的赔偿金。

该公司不服，提起了诉讼。法院审理后认为，该公司与王某解除劳动合同系违法，要求该公司支付给王某违法解除劳动合同赔偿金。一审后，该公司不服，又提请上诉。经二审法院审理后认为，王某向该公司提供虚假学历的行为违反了如实告知的义务，欺骗公司与其签订劳动合同，构成了欺诈。该公司有权与其解除劳动合同，且不予支付王某违法解除劳动合同赔偿金的请求。

从这个案例中可以看出，王某对该公司存在欺诈行为。该公司最后虽然胜诉，但是牵扯了精力、浪费了用工成本。那么，企业如何对入职的员工进行审查呢？

首先，面试官需尽到审查的义务，对应聘者提供的材料认真审查，确保其真实有效，避免应聘者提供虚假材料给企业而带来法律风险。其次，面试官要通过一定的技术手段，对应聘者的身份信息、年龄、身体健康状况、学历等严格核查，尽量降低企业承担责任的比例。

5. 对应聘者前单位承担连带责任的风险

在《中华人民共和国劳动合同法》中规定，企业招聘尚未与其他企业解除或者终止劳动合同的劳动者，给其他企业造成损失的，应当承担连带赔偿责任。

为了避免出现这种情况，面试官在面试环节，应当审查应聘者是否与前企业解除了劳动合同，并且要求其提供解除或终止劳动合同的证明。如果不能提供，面试官就要向其前企业核实，并要求应聘者签署真实性承诺书。这样做的目的就是为了降低可能存在的法律风险。

6. 告知义务

面试官在招聘过程中，对于符合条件、决定录用的应聘者，有告知义务。因为《中华人民共和国劳动合同法》中第4条规定："用人单位应当将直接涉及劳动者切身利益的规章制度和重大事项决定公示，或者告知劳动者。"第8条规定："用人单位招用劳动者时，应当如实告知劳动者工作内容、工作条件、工作地点、职业危害、安全生产状况、劳动报酬，以及劳动者要求了解的其他情况。"如果未来企业与劳动者发生纠纷，法院审理时就要看企业有没有公示告知程序。对于公示的形式，企业尽量采用书面形式，因为这样可以保存证据。如果企业没有告知劳动者，在将来与劳动者发生纠纷打官司时，就会败诉。

小刘经过面试，入职上海一家电子公司，并与该公司签订了两年劳动合同。在合同中规定，如违反公司的规章制度，情节严重的，公司有权随时解除劳动合同，且不予支付赔偿金。小刘入职一年后，由于上班时打电子游戏，被公司解除了劳动合同。小刘不服，因为他对公司规定的上班时间打电子游戏属于严重违纪这一规定根本不知道。小刘向劳动仲裁委员会提出了仲裁申请。劳动仲裁委员会认为公司提供不出证据，表明公示过这项规章制度。于是仲裁委员会要求该公司与小刘恢复劳动关系。

在这个案例中我们可以看出，由于公司不能举证出公示过规章制度，其依据规章制度解除与小刘劳动合同的做法得不到劳动仲裁委员会的支持。那么，企业如何防范这项法律风险呢？根据实践经验，企业在给员工发放员工手册时，要有员工的签收记录；规章制度培训要有员工的签到记录；规章制度考试的试卷要保存好。企业在遇到这样的纠纷时，只有拿出书面的证据，才能得到法院的支持。

7. 避免试工

有的企业在正式录用员工之前，会采取先试工的办法，试工后再决定是否录用。但是劳动仲裁委员会往往认定从试工之日起，就与劳动者建立了劳动合同关系。这种关系一旦建立，企业就要承担劳动合同法上规定的各项义务。所以，企业在决定正式录用员工前，应避免草率试工。

8. 员工入职后患病或突发疾病死亡风险

根据《工伤保险条例》规定，员工在工作时间和工作岗位上，突发疾病死亡或者在48小时之内经抢救无效死亡的，可视同工伤。同时，如果员工在职期间患病，也会给企业带来一定的法律风险。为了降低这种风险的发生，企业在新员工入职前对其进行体检是很有必要的。体检时间的安排，最好在录用通知发出之前。如果在录用通知发出之后，发现员工身体健康有问题再取消录用通知，就可能产生前面已经讲过的法律风险。

所以，面试官在招聘过程中，要了解可能存在的法律风险。如果面试官没有注意相关法律法规及操作细节，就很容易导致法律风险的出现。一旦与劳动者发生纠纷，不管企业输赢，对企业都是一种损失。本节对招聘中可能存在的法律风险进行了归纳、总结，并提出了一些防范措施，希望对面试官有所帮助。

第 12 章
世界500强企业的面试经典案例

世界500强企业是全球企业的典范。它们之所以能有这样的成就,很大程度上是得益于它们拥有优秀的人才队伍。它们人才的来源离不开优秀的面试官,这些面试官能够在合适的时候,以合适的价格招聘到合适的人才,并把他们安排在合适的岗位上,真正做到人尽其才。所以,世界500强企业的面试流程、面试方法,非常值得面试官们去学习和研究。

第一节　世界500强企业的面试流程

随着中国经济的发展，世界500强企业在中国开展的业务越来越多，中国的人才资源也必将成为这些企业争夺的目标。无论企业大小，要发展都离不开人才。企业能发展到世界500强，拥有丰富的人才资源是一个重要因素。

能进入世界500强公司工作，是很多求职者的梦想。但是，世界500强企业对人才的选拔也是相当严格的，面试官要确保把真正合适的人才选出来。所以世界500强公司的面试官对人才的挑选是很慎重的。作为面试官，世界500强在招聘面试方面有很多地方值得我们学习，要想了解他们的面试，就要先了解他们的面试流程。下面先看几个案例：

案例一：宝洁公司的招聘流程

宝洁公司于1837年成立于美国，是目前世界上最大的日用消费品公司之一。1988年，宝洁公司在广州成立了中国的第一家合资企业，从此其业务开始在中国发展。宝洁公司作为世界500强企业中的"常青树"，有丰富的招聘经验。一般来说，宝洁公司的面试流程有五步。

1.首先，让应聘者填写一份长达12页的标准表。这一项主要是考察应聘者领导组织方面的能力。

2.第二关是考察应聘者解决问题的能力，一般是让应聘者做一些不算复杂的数学题和阅读题。虽然出的题目不算有难度，但是要求应聘者答题速度必须要快。

3.由于宝洁公司是外企,要考察应聘者的英语能力,分为听力和阅读两部分。一般来说,对英语能力的考察都是比较简单的,但是不同部门对英文水平的要求也有不同。

4.第四关是比较有难度的,淘汰率通常很高。在这一关的考核中,面试官所提的问题通常也是围绕那几个经典的问题。问题虽然不是很有难度,但是要求应聘者要诚实。因为面试官会问一些很细节的问题,如果不是应聘者亲身经历,要么回答不出,要么编造有漏洞。

5.最后一轮面试宝洁公司会非常重视。面试时间大约需要一个小时,面试官至少是3个人,经理和顾问都要参加。为了确保招聘的人才是用人部门真正需要的,在这一轮面试的时候,各部门的高层经理都会来亲自考核。如果是外方经理,宝洁还会提供翻译。宝洁公司为了表示对应聘的诚意,会出资请应聘者到广州的宝洁中国公司总部面试。

从招聘流程看,宝洁对人才的招聘是很慎重的。在面试中,它设置了五道关口,并且每一关考核应聘者不同的能力。在最后一轮的面试中,宝洁为了录用的人才是用人部门真正需求的,会请部门经理来亲自考核。这种与部门经理相配合的做法,确保了所招聘人才的匹配性。

然而,在一些企业中,对人才的录用是由面试官或老板拍板的。这就有可能造成所招聘的人才不适合用人部门的要求,结果不但会导致用人部门对面试官的埋怨,而且留不住人才。

案例二:壳牌中国石油的招聘流程

1.面试官首先会给参与求职的应聘者一份复杂的表格,在表格上需要填写各种比较详尽的个人信息,同时还要回答五个问题。面试官对这五个问题的设计范围比较广泛,并且有一定的难度,还要求应聘者用中英两种语言回答。

2.第一轮面试通常会分为两个部分，分别由两个面试官与应聘者进行沟通交流，每个面试官有30分钟的时间。在这一轮面试中，面试官通常与应聘者所谈的话题内容比较宽泛。例如，面试官会问应聘者最大非学专业的成就，以及环保、交通等问题。

3.在第二轮面试中，面试官根据第一轮面试的情况，对不同的应聘者考察不同的内容。一般来说，包含以下三个部分：

（1）让应聘者从几个话题中选出一个话题，花费半小时准备一下，做一个演讲。然后，由两个面试官进行提问。

（2）案例面试，就是给应聘者发一份30页左右的虚构的壳牌公司的材料，让应聘者利用5分钟阐述对其长、短期发展的规划。然后，再接受两个面试官的提问。

（3）分组测试，就是将应聘者分成3人小组，并给每个应聘者分发不同的资料。资料的内容是壳牌公司将要新建一个厂，每个应聘者对发给自己的备选厂址方案进行利弊分析。然后，让每个小组讨论出一个小组意见。在这个过程中，有两个面试官在旁边观察。

壳牌石油公司虽然只有两轮面试，但是他们注重考察应聘者分析问题和解决问题的能力。通过案例面试和分组测试，考察应聘者独立解决问题的能力和团队合作精神。面试官通过这一层层的考核，选拔出他们真正需要的人才。

案例三：微软公司的招聘流程

应聘者称微软公司的面试是"面试马拉松"，因为，部门工作人员、部门经理、副总裁、总裁等都会面试应聘者。面试官多达五六人，并且每个面试官都会与应聘者交谈大概一个小时。各个面试官的问题，虽然各有侧重，但是他们最注重应聘者是否具备以下几种能力。

1. 随机应变能力和反应速度；

2. 语言表达能力，要求应聘者口齿清晰、思维敏捷；

3. 创新能力；

4. 技术能力，这是微软公司最注重的；

5. 个性修养，面试官会通过聊天等手段，来了解应聘者这方面的情况。

微软有时进行全球招聘。当应聘者不能与面试官见面时，面试官会采取电话面试的方式。当电话面试结束之后，面试官会把对应聘者的评价和情况告诉其他面试官。

可见，微软在招聘人才的时候，经过多个面试官层层把关，并且每个面试官与应聘者交流后，会把面试情况以及对应聘者的评价告诉其他面试官，这么做就是要选拔出真正合适的人才。

从上面的三个世界500强公司的招聘流程中可以看出，虽然它们的面试内容各不相同，但是都注重考察应聘者各方面的真实能力。世界500强公司的招聘虽然千变万化，但是它们的策略和宗旨是不变的，就是为企业选拔出最合适的人才。

第二节 世界500强企业的经典提问

在面试过程中,面试官主要通过提问来了解应聘者。面试官的每一个问题都应该是事先设计好的、有目的的提问。面试官提问的根本目的就是考察应聘者的能力,看应聘者是否符合招聘的职位要求。世界500强企业的面试官对应聘者提出的问题虽然五花八门、千变万化,但是都不会背离考察人才的目的。下面将世界500强企业的十个经典提问,列出来并加以阐述,供面试官参考。

1. 为什么你觉得自己能够在这个职位上取得成就?

面试官问这个问题的目的,主要是考察应聘者的自信心以及挑战精神。面试官可以根据应聘者的回答判断应聘者对这个职位是否有动力。每个企业都希望招聘到有进取心的人,如果应聘者对这个问题的回答模糊或者不知道,就意味着求职者对这个职位没有足够的自信心和真正的热情。如果应聘者能够对这个问题有一个很有说服力的回答,那么就意味着应聘者对这个岗位有热情和进取心。

2. 你最大的长处和弱点分别是什么?这些长处和弱点对你在企业的业绩会有什么样的影响?

这个问题看似面试官在问应聘者的长处和弱点,其实面试官真正的目的是看应聘者能不能正确地认识自己,也是在考察应聘者的价值观和对自身价值的看法。如果应聘者只是简单回答自己可能具备的长处以及弱点,或者回答不清楚,就意味着应聘者对自己没有一个清晰的认识,以及不知道这些长处和弱点对工作有什么影响。如果应聘者能够清楚回答自己的长处和弱点，并能够知道自身的这些特点对工作的帮助及影响，这样的回答表明应聘者思维清晰，对工作也会充满热情。

3. 是否有教授或者咨询师曾经让你处于尴尬境地，还让你感到不自信？在这种情况下，你是怎样回应的？

这个问题是面试官考察应聘者在陌生领域中工作的能力，以及工作的任务超过应聘者的能力水平时，其解决问题的主动性和能力。如果应聘者对这个问题不正面回答，而是顾左右而言他，那就会让面试官觉得应聘者不知道如何处理这类问题。如果应聘者能积极回答这个问题，并举例说明自己是怎么解决这类问题的，那就意味着应聘者有雄心和明确的态度，并有处理复杂问题的能力。

4. 你是否曾经得到过低于自己预期的成绩？如果得到过，你是怎样处理这件事情的？

这个问题是考察应聘者是否有上进心，以及是否愿意为某一项事业而奋斗和为追求公平而奋斗。如果应聘者只是回答有过这样的经历，但是并没有做出改善的想法，那就意味着应聘者缺乏进取心。如果应聘者回答有过这样的经历，并给出了改善的想法，那就意味着应聘者有进取心，并且追求公平。

5. 出于工作晋升的考虑，你打算继续深造吗？

这个问题考察的是应聘者有没有雄心壮志，以及企业对应聘者的重视程度是否会影响到应聘者对自己未来的重视。如果应聘者回答自己不想继续深造，想在实践中锻炼自己，那就会给面试官留下缺乏进取心以及自负的印象。如果应聘者回答将来会根据工作的需要而继续学习，就说明这个应聘者有雄心，有进取精神和职业决策的能力。

6. 你曾经参加过哪些竞争活动？这些活动值得吗？

这个问题考察的是应聘者对竞争环境的适应程度，以及应聘者对自己的信心。如果应聘者只是简单回答自己喜欢竞争，就会给面试官留下争强好胜的印象。因为在工作中，不只有竞争还有合作。如果应聘者回答自己喜欢小组活动，例如足球、篮球等，说明应聘者能正确对待竞争，能和同事共同在竞争中取胜。

7. 你怎样影响其他人接受你的看法？

面试官问这个问题的目的是想知道应聘者如何看待对别人的影响，以及应聘者对别人的影响能力。如果应聘者回答说自己的想法若是合理的，就能说服一个通情达理的人接受，这意味着应聘者不能适应不和谐的工作环境。如果应聘者回答自己的正确想法不被别人接受时，会进行换位思考，多站在对方的角度想问题，这样就更有可能让对方理解自己的想法，这表明这个应聘者有沟通和说服别人的能力。

8. 在做口头表达方面你有哪些经验？你怎样评价自己的口头表达能力？

这个问题考察的是应聘者在公共场合演讲的能力，以及对自己演讲能力的评价。如果应聘者回答自己在公共场合讲话会紧张，就表明这个应聘者缺乏公共演讲能力，口头表达能力欠缺。如果应聘者回答虽然自己在公共场合讲话会紧张，但是自己还会努力去锻炼，以增强自己的竞争力，表明这个应聘者是具备公共演讲能力的，并且愿意继续提高自己在这方面的能力。

9. 你怎样比较自己的口头技能和写作技能？

面试官问这个问题，并不是想知道你的哪一方面技能更胜一筹，而是为了让应聘者说出自己的弱项。如果应聘者回答自己哪一方面强，那就意味着另一方面是弱项。如果应聘者不直接回答，而是说这两方面对一个员工来说都很重要，并且自己都在提高这两方面的技能，就表明应聘者有高效沟通的能力，并在一般技能方面具有坚实的基础。

10. 在写专业论文时你最不喜欢哪些方面？

这个问题考察的是应聘者是否喜欢研究性的工作，以及是否具备解决困难问题的能力。如果应聘者回答自己不喜欢不感兴趣的研究课题，那么就意味着应聘者不喜欢做枯燥的事情，然而在工作中很多任务就是单调、枯燥的。如果应聘者回答说自己愿意去搜集信息，并且在掌握足够多的信息时，才会动笔写论文。这表明应聘者理解研究的意义，有能力解决难题，并愿意做研究工作。

在面试中，面试官的每一个问题都应该经过精心准备。因为，面试官要通过这些问题去了解应聘者的信息，并且不同的问题对应聘者考察的侧重点也不同，我们能从应聘者对问题的回答中，对应聘者的能力做出正确的判断。

第三节　世界500强企业的经典笔试

世界500强企业在招聘的笔试中，总会出一些稀奇古怪的题目，如脑筋急转弯、智力测试题等。这些题目看似古怪，但是都包含一定的考察目的，旨在考察应聘者的反应能力、逻辑思维能力以及解决问题的能力。世界500强的面试官能从应聘者的回答中，分析判断出应聘者的真实能力。

在世界500强的笔试题目中，有的题目已经成为经典，不管有没有确定的答案，都能让人们津津乐道。有一些题目看似合理，其实是一个陷阱，它考察的是应聘者的逻辑思维能力。如果应聘者的逻辑思维能力不强，就会顺着题目的意思思考，落入面试官设计好的陷阱。

有三个人到饭店去吃饭，实行AA制，每人出100元钱。由于当天饭店做活动，给他们优惠50元钱。于是饭店服务员就将50元钱退还给这三个人，但是服务员从中扣下了20元钱，将剩余的30元钱还给了这三个人，他们一人10元把钱分了。

吃这顿饭，其实这三个人每人出了90元钱，一共是270元钱，加上服务员扣下的20元钱，一共是290元钱。与这三个人最初拿出的300元钱相差了10元。请问，这10元钱到哪儿去了？

这道笔试题目表面看算得挺合理，但是其逻辑描述上是错误的。正确的描述应该是，三个人各出了100元钱，后来又退回来10元，三人总共出的钱是270元钱。在这270元钱中，其中250元钱是饭钱，20元被服务员扣下。所以，不存在270+20=290的情况。这道题目考察的便是应聘者的逻辑思维能力。

在世界500强的招聘中，笔试题目对于考察应聘者的思维方式及思维方法的转换有很明显的作用。据专家研究显示，应聘者拥有这样的能力，与以后工作中的应变与创新有密切联系。这类题目，测试的是应聘者能不能从不同角度考虑问题，能不能进行逆向思维或换位思考。

面试官千万不要以为这些经典面试题目只是世界500强企业的专利，只要我们将他们改头换面，就能被我们所用，达到考察招聘者的目的。例如，在电影《华尔街之狼》中，里面的主角要招聘推销员，他就拿出一支钢笔，让应聘者把这支钢笔推销给自己。很多应聘者都介绍这支钢笔的优点，并以乞求的口气恳求买下，这当然达不到推销的目的。但是，有一个应聘者拿起这支钢笔伸到主角面前说道："您能帮我签个名吗？"，主角微笑着接过了钢笔，这个应聘者达到了推销的目的。

上面这个案例，考察的是应聘者洞察客户的需求和给客户创造需求的能力。其实销售不是对客户的乞求，而是把客户需要的东西推销给他。有一句话说得好"你正好需要，我正好专业"。所以，面试官在考察应聘者时，要精心设计题目，以达到考察应聘者某一方面能力的目的。

我在一次招聘销售人员时，也采用了类似上面的面试方法。当时我拿出一个印有企业标志的保温杯，要求应聘者在5分钟之内，将这个杯子以50元的价格推销给我。我出这个题目的目的，主要是考察应聘者几个方面的能力：一是情绪控制力，二是抗挫折能力，三是说服能力，四是语言表达能力。这几个方面的能力，对一个销售人员来说是最重要的。

在面试过程中，可以出一些稀奇古怪的题目，这些题目本无好坏之分，更不是为了难为应聘者。但是，面试官要对这些题目的设计有特定的含义，除了与企业的文化、价值观、职位要求等相关外，最重要的作用就是考察应聘者的特定素质和能力。

我在面试中所出的题目，一般是要考察应聘者三个方面的能力。一是抗压能力。任何工作都有压力，特别是销售工作压力更大。应聘者没有一定的抗压能力，是不能够胜任这一职位要求的。当应聘者遇到这类测试题目的时候，他们回答不出、紧张甚至抵触，这都说明应聘者的抗压能力不足。二是思维能力。有时候面试官给出的题目，并不是看应聘者给出怎样的答案，而是看应聘者得到这个答案的过程。通常企业最关注员工的思维能力包括：（1）系统性，就是员工能不能全面系统地看待一个问题；（2）辩证性，就是员工能不能从不同的角度看待这一问题；（3）逻辑性，主要看员工逻辑思维能力的强弱。三是创新能力，这类题目通常没有标准答案，应聘者可以天马行空地回答。如果应聘者回答这类问题比较简单、常规，则不能引起面试官的注意。而那些回答问题千奇百怪、出人意料的应聘者，往往会引起面试官的关注。这些应聘者能想出别人想不到的答案，说明他们具备创新性解决问题的能力。所以，这类问题考察的是应聘者给出答案的过程，而不是结果。

然而，有的应聘者会在面试前做充分的准备。对于这样的应聘者要多从细节上考察他们。面试官要重点看他们回答的那些没有标准答案的题目，不要只看他们给出的结果，更重要的是看他们给出答案的理由，这样才能判断出应聘者的思维能力和临场应变能力。

世界500强企业之所以人才济济，就在于他们的面试官在招聘中有其独特之处。无论是他们的面试方式、面试方法，还是对面试问题的设计都有其特定的意义。作为面试官，我们要多研究他们的招聘策略，多研究他们设计笔试问题的思路，不断提高自己的能力素质，为企业多招聘到优秀的人才。

第四节　世界500强企业的选才规则

企业的发展离不开人才。世界500强企业之所以能够成为全球一流的企业，就因为它们拥有一流的人才队伍。可以说，世界500强企业正确的选人用人是其成功的保障。

世界500强企业之所以能够招聘到优秀的人才，得益于其面试官高超的面试能力，他们能透过应聘者的学历、专业、工作经验等表面现象，看到人才真正的价值，从而能够找到与职位相匹配的人才。那么，世界500强企业是如何选拔人才的？选择人才的规则是什么呢？

1. 选拔人才要求德才兼备

这不但是世界500强企业选拔人才的共性，其实也是所有企业选拔人才的共性。德才兼备的员工才是企业最需要的人才，有德无才、无德无才对企业的发展都起不到好的作用，但对企业也起不到多大的坏作用。然而无德有才的人，如果想干坏事，就会给企业带来巨大的破坏。所以，世界500强企业在选拔人才的过程中，对应聘者的品德要求很高，甚至将品德列为选拔人才的首要条件。

日本的松下公司在招聘员工时，非常重视员工的道德水平。松下公司的创始人松下幸之助，在面对所有应聘者时，把"人格"放在了首位。他曾说过："一个人要达到道德上的圆满是非常艰难的。但是，它的修炼比才能、经验重要得多。当道德与才能、知识、经验产生冲突，需要做出选择时，松下公司一定会选择前者。"松下幸之助认为，如果一个人仅有才能而不懂做人，那么，这个人的才能就很容易成为"恶智慧"。

古人说："德者才之帅，才者德之资。"对于一个人来说，品德是一个人的灵魂，是向导；才是能力，是工具。作为一个真正的人才两者不可偏废，企业在选拔人才的时候，不能只注重才能，也要注重品德。在世界500强企业中，有很多"常青树"企业，它们能成为"百年老店"，就是因为重视对人才的选拔，聘用那些德才兼备的人才。

2. 认同企业价值观

认同企业价值观是世界500强企业对员工的基本要求，只有员工认同企业的价值观时，才能与企业同呼吸共命运，才能融入企业的发展中。所以，世界500强企业对人才的招聘都相当严格。

微软对人才的选拔程序相当严格，要求人才达到的标准是"三好"，即数学好、编程好、态度好。微软的面试过程往往需要一整天，不但要考核基础知识，也要考核专业知识和编程知识。并且不同岗位、不同用人部门的招聘要求、招聘过程和招聘题目都是不同的。

在招聘研究人员的时候，微软可能会让应聘者做一个讲座，然后再进行一个开放式对话，主要是谈谈应聘者有什么新问题、新想法等。目的是通过对话来考察应聘者发现问题和解决问题的能力。

如果应聘者应聘的是编程部门，那么对应聘者的考核除了编程方面的知识和技能外，还可能要求应聘者当场编写程序。因为，编程部门需要招聘有很强技术能力的人才。

微软公司要求的态度好，是要求应聘者具备良好的个人品德修养，这也是一个人综合素质的反映。因为，态度好的人做事能有始有终，一以贯之。

世界500强企业最引以为荣的是其成功的企业文化，而价值观是企业文化的反映。只有认同企业的价值观和文化，才能更好地融入公司。企业价值观和企业文化是一个企业的灵魂，是一个企业长远发展的向导，能保证所有员工向同一目标前进。所以，世界500强企业都十分重视员工对企业价值观和企业文化的认同。

3. 不唯学历论

世界500强企业在人才的招聘上原则性与灵活性相结合，对人才的选拔既重视学历、专业、经验，但是又不局限于这些，其最注重的是应聘者的综合能力与素质。

日本的索尼公司在人才的招聘上，反对唯学历论，对文凭并不重视，反而非常重视应聘者的实际能力。索尼公司的创始人盛田昭夫曾说过，他真想把公司所有的人事档案全都烧掉，使整个公司杜绝学历上的任何歧视。

盛田昭夫写过一本《学校成绩别在意》的书。在这本书中，他斥责了唯学历论的做法，强调企业应当重视的是人的实际才能。宝洁公司在招聘人才的时候，也强调应聘者的能力和表现，招聘所能找到的最优秀的人才。在宝洁招聘条件中，对所学专业几乎没有限制，只要通过公司的考察就可以。

世界500强企业在人才的招聘上都是非常务实的，不片面强调应聘者的学历、工作经验等。其实，在世界500强企业中，大多数职位都倾向于用本科生，并且同样的工作，能用本科生的就不用研究生。这样做的好处是招聘进来的人才不容易跳槽。因为，同一工作如果招聘更高学历的人，他进来之后，发现难以施展自己的能力，难以取得相应的成就，就很容易跳槽，去另谋高就。

世界500强企业都非常重视人才，在人才招聘阶段都有其坚持的原则，这也是世界500强企业能发展壮大的原因。俗话说"他山之石，可以攻玉"，通过学习、借鉴世界500强企业的招聘经验，对于拓宽我们的招聘思路，有很好的启迪作用。

附 录

一、天成考核问卷

（一）天成考核问卷A

1. 公司的全称、简称、地址、400电话是什么？（5分）

2. 公司有几大文化？分别是什么？（5分）

3. 富杰公司老板叫什么名字，和天成合作的时间是什么？（5分）

4. 维高主营产品是什么？（5分）

5. 公司使命是什么？（5分）

6. 天成有几大课程？分别由谁主讲？（5分）

7. 公司的网址、传真、座机是什么？（5分）

8. 天成100自传系统狼魂课程结束后需要做的落地服务项目有哪些？（5分）

9. 公司为客户现场落地植入哪七大会议系统？（5分）

10. 公司作风是什么？（5分）

11. 落地服务项目三欣会的主要几个大点是什么？请列出四大核心思想。（5分）

12. 天成100自转系统分为哪几个阶段？（5分）

13. 天成杭州、温州、深圳公司标杆企业有哪些？每区域写出2家。（5分）

14.天成有哪几本书,分别是什么?(5分)

15.落地的"四种心态"是什么?(5分)

16.天成标杆百合隆的老板是谁?合作时间什么时候?(5分)

17.列举5个天成顾问团的老师及公司名字。(5分)

18.列举5个天成教练团的教练。(5分)

19.天成100自转系统落地期间将会验收哪几个落地项目?列出5项。(5分)

20.为成都铁路局、四川农村信用社、建设银行等政府项目做巡回训练的指定导师是谁?(5分)

(二)天成考核问卷B

1.天成客户富姐全名是什么?她是哪个公司的总经理?参加天成培训后业绩状况如何?(10分)

2.安迪进出口有限公司总经理是谁?是哪个分公司的客户?(10分)

3.天成100自转系统优惠方案有几种?各方案学位及投资费用分别有多少?(10分)

4.天成课程有哪些?投资费用分别是多少?适应人群是哪些?(10分)

5.公司对私账号、开户名、开户行都是什么?对公账号、开户名、开户行都是什么?(10分)

6.《领袖》《机制》《狼魂》课程分别抵扣几个学位?(10分)

7.与客户签合同需签几份?分别给谁?(10分)

8.100自转系统中主要有几大课程?分别是做什么的?(10分)

9.天成公司的微云是什么?(10分)

10.见客户时,确保来去不空手,你应该怎么跟客户说?(10分)

(三)天成考核问卷C

1.天成的企业经营核心宗旨是什么?(10分)

2.什么是标杆?(10分)

3.公司有哪几项落地项目？分别是什么？（10分）

4.我们怎么落地植入？何为落地？（10分）

5.企业方验收天成服务项目有哪些？验收指标分别是什么？（10分）

6.企业方落地发改委成员主要有哪几个？（10分）

7.天成100自转系统A方案有哪些落地项目？（10分）

8.落地三欣会的目的是什么？（10分）

9.天成100自转系统落地法门是什么？（10分）

10.天成100自转系统将会为企业落地五大活动，请问是哪五大活动？（10分）

（四）天成员工问卷

1.公司的全称、简称、地址、400电话分别是什么？（5分）

2.公司有几大文化？分别是什么？（5分）

3.维高总经理叫什么名字？和天成的合作时间是什么时候？（5分）

4.太阳雨科技主营产品是什么？（5分）

5.公司使命是什么？（5分）

6.天成有几大课程？分别由谁主讲？（5分）

7.公司的网址、传真、座机分别是什么？（5分）

8.天成100自传系统将会为企业落地四大机制，请问是哪四大机制？（5分）

9.公司为客户现场落地植入哪七大会议系统？（5分）

10.公司作风是什么？（5分）

11.公司有哪几项落地项目？请举出5项。（5分）

12.天成100自转系统分为哪几个阶段？（5分）

13.天成公司有哪几位导师？分别是谁？（5分）

14.天成有几个分公司？分别在哪里？（5分）

15.落地的"四种心态"是什么？（5分）

16.天成标杆明美印刷的老板是谁？合作时间是什么时候？（5分）

17.列举5个天成顾问团的老师。（5分）

18.列举5个天成教练团的教练。（5分）

二、天成面试

（一）天成面试流程

1.发面试通知，约定具体面试时间。

2.在约定的面试当天，用A4纸打印以下内容：

热烈欢迎×××、×××、×××、×××、×××到我公司面试，并放于公司门前。

3.当有人过来面试，前台必须给予对方热情的问候表示欢迎，然后安排应聘人员并收简历。未带简历者提供公司统一简历表及填写天成信息登记表。

4.由前台安排应聘人员到会议室就座并给每位应聘者倒水。

5.未到面试时间时，可让应聘人员在会议室进行参观，到统一面试时间，前台通知面试官开始面试。

6.面试官进行简单的自我介绍及播放公司宣传视频（电视台采访），提醒应聘人员看完视频后谈谈自己的感受。

自我介绍话术（自由发挥）：大家下午好，我是天成公司××部门的××，主要负责××，进公司有××年，我们公司是×××，为了让大家对我们公司有进一步的了解，下面看我们公司的宣传视频。

7.应聘人员填写《天成问卷一》，大约10分钟收卷，面试官必须仔细查看应聘人员的相关信息。

8.应聘人员自我介绍，并说说看完视频的感受及对公司的印象。

9.面试官播放PPT。PPT内容包括：天成公司组织架构图、各部门岗位职责及晋升空间、各部门薪资待遇及奖金照片。

10.面试官与应聘者互动，解决应聘人员相关问题。

11.应聘人员填写《天成问卷二》，大约10分钟收卷。

12.面试结束，不管是否同意过来上班，都让其回去等电话通知。简历交由行政部筛选审批，并对合格者发出《录用通知》。

通知话术/短信：某某先生（女士）吗？您好，我是某某公司，经公司审核，您已经被录用。请您于某时到公司报道。地址……

13.合格者上班第一天带其参观我司销售部、琅嬛仙洞、缥缈峰、崋山之巅、黑木崖等，介绍公司文化墙并简单介绍照片的由来；参观并说明会议室的用途（开问道、开会、集体娱乐、团队游戏、早会、业务经验PPT分享、队员生日会等）。

14.统一面试时间：每天14：30。

15.面试人员：

按人员排列顺序安排面试：a.胡江伟，b.黄剑波，c.刘明佩，d.黄活和，e.杨婵，f.杨胜男，g.张瑞杰，h.邓芳。即：当胡江伟外出时，黄剑波为面试官；当胡江伟、黄剑波外出时，刘明佩为面试官；以此类推。

（二）天成问卷一

日期： 姓名：

1.你毕业几个月了？来深圳几个月了？

2.你现在住在哪里？和谁一起居住？

3.这将是你的第几份工作？

4.你最近的工作单位名称、地址、电话是多少？（必填项）

5.你最近一份工作单位的老板和业务主管分别叫什么名字？是哪里人？手机号码是多少？（必填项）

6.你最近一份工作是销售什么产品的？你在这个公司做了多久？你月销售额最多是多少？最少是多少？（必填项）

7.你最近一份工作的待遇是多少？如何构成？你满意吗？

8.你来深圳的目的是什么?

9.你家是在农村还是在城市?你的家庭成员有哪些?分别做什么工作?

(三)天成问卷二

日期：　　　　姓名：

1.你现在对我公司的印象是什么?

2.你来深圳的梦想是什么?

3.你打算为实现你的梦想付出多大的努力?你计划用多长时间来实现你的梦想?

4.你认为你现在具备哪些条件实现你的梦想?

5.你需要公司为你提供哪些支持来帮你实现梦想?

6.你觉得成为一个优秀的业务员需要你在哪些方面做出更多的努力?

7.一天24小时,你打算用几个小时在工作中?

8.你有多大意愿进入我公司工作(在1%~100%之中选择)?

9.当你在工作中遇到挫折和困难怎么办?

10.对于实现你的梦想,你认为你该付出的努力占比是多少(在1%~100%之中选择)?公司的帮助和支持占比是多少?